天下文化

BELIEVE IN READING

謝詞

敬以「台灣軟實力之島」套書　獻給

（1）雙親：戰亂中從未使孩子們輟學過；又以一生退休金，購得單程機票，送他的孩子赴美讀書。

（2）家庭：內人麗安與二個孩子兆均、兆安，全心支持我在世界各地的教學與調研。

（3）大學時代（1953-58）老師：徐復觀、張研田、劉道元、陳越梅。

（4）美國讀書與教書（1959-2000 年代初）的師友們，感謝從略。

（5）台灣（1969 年後）使我受益的首長及師友：

- 李國鼎、郝柏村、許歷農、趙耀東、連戰等；
- 星雲大師、于宗先、孫震、許士軍、王建煊、陳長文、李誠、姚仁祿、林祖嘉等。

（6）四十年來一起推動出版媒體事業的：張作錦、王力行；及工作伙伴楊瑪利、林天來、許耀雲、楊慧婉等。

高希均

2024.2.1　台北

編按

本書第三版增訂如下：

（一）中文人名索引

（二）英文人名索引

（三）彩色頁新增標題

（四）以上增修，請詳見目錄

圖 1：《遠見》雜誌馬習會特刊，於 2015 年 12 月 20 日台北出刊。

改變兩岸關係的重要時刻

圖 2：2015 年 12 月 20 日王力行發行人和楊瑪利總編輯獨家訪問馬英九總統。

圖 3：2015 年 6 月會晤馬英九總統，贈送當期《遠見》雜誌及著作《開放台灣》。

三位《遠見》「君子企業家獎」得主

圖 4：2016：第一屆《遠見》君子企業家 鄭崇華（台達集團創辦人）

圖 5：2017：第二屆《遠見》君子企業家 周俊吉（信義企業集團創辦人）

圖 6：2018：第三屆《遠見》君子企業家 童子賢（和碩聯合科技董事長）和上一屆得主周俊吉合影。

與國際接軌

圖 7：2018 年前美國國防部長培里（Dr. William Perry）高齡 91 歲，出示他的中譯本《核爆邊緣》與高教授合影於人文空間。

圖 8：2012 年 5 月 30 日《遠見》舉辦「世界經濟變局美中台角色」論壇。左起張安平、蔣偉寧（教育部長）、桑默斯（Lawrence Summers，哈佛大學前校長、前美國財政部長）、張忠謀、高希均。

圖 9：2022 年 12 月 30 日事業群舉辦知識跨年饗宴——突破者迎向挑戰，高希均教授致開幕詞。

圖 10：2023 年 3 月 21 日「逆全球化，台灣面臨『艱難選擇』」論壇，贈前美國在台協會主席卜睿哲（Richard Bush）星雲大師墨寶「和平台灣」。左一為與談者蘇起教授，右二為王力行發行人。

兩岸太平，國富民安

圖 11：2019 年 1 月 29 日高希均教授與王力行發行人贈許歷農將軍星雲大師墨寶「平安」，於人文空間留影。

圖 12：2015 年出席文學大師余秋雨訪台系列演講時致詞。

圖 13：2017 年第九屆「星雲真善美傳播獎」由高希均頒贈給《紐約時報》專欄作家、三度普立茲獎得主湯馬斯．佛里曼（Thomas Friedman）。

圖 14：2021 年 4 月 9 日於《遠見》國際大師論壇上，與前史丹佛大學校長漢尼斯、前行政院長張善政（史丹佛校友），以「動盪中的領導力」主題展開對談。

和平

追求台灣雙贏

打造台灣軟實力之島・卷四

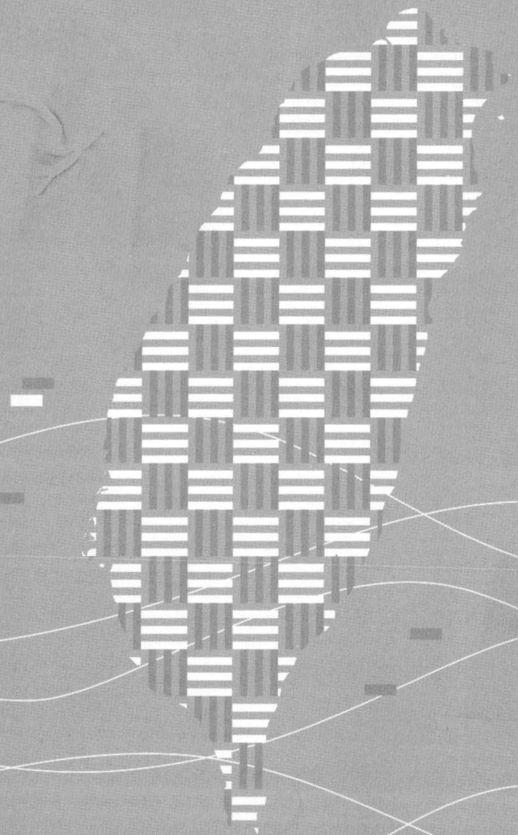

高希均 著

和平：追求台灣雙贏

目錄
contents

第一部 和平之我思——追求兩岸雙贏的海峽之春 016

和平：追求台灣雙贏

目錄
contents

第二部 李登輝總統執政（一九八八～二〇〇〇）

和平：追求台灣雙贏

目錄
contents

目錄
contents

—附錄—

—總序　打造台灣軟實力之島—

開放‧文明‧進步‧和平‧學習

——向新總統賴清德的施政方向建言

高希均

(一) 流血、流汗、流淚

百年台灣的生命歷程就是血、汗、淚交織而成：有先烈的血跡、有先民的汗水、有先人的淚影。

流血是要推翻政權的殖民與獨裁，建立民主的法治社會。

流汗是擺脫貧窮與落後，建立小康的公平社會。

人不怕死，就可以點燃流血的革命火種；人不怕苦，就可以投入流汗的經濟起飛；人不怕「無情」，就可以毫不遲疑地展現大是大非。

台灣不缺流血的革命英雄（如施明德），更不缺流汗的企業家（如王永慶），獨缺能割斷情感、展現公私分明、大義滅親的理性選民。台灣社會此刻最需要的就是一場空前大規模地切割各種情結的理性革命。

我們都記得剛去世的施明德的名言：「承受苦難易，抗拒誘惑難。」而人最重要的誘惑有三：權力、財富、感情。

流血革命的人，是要獲取政治權力；流汗奮鬥的人，是要獲取財富；那麼流淚的人是要獲得什麼？這正是人性中的弔詭！

流淚的人是在付出、是在掙扎、是在等待。

（二）奈伊的「軟實力」

在國際地緣變局中，美國已無法任性地我行我素，中國則或直接或間接地展示它的影響力。在兩岸經貿減溫、互信更冷的僵持下，台灣陷入空前的焦慮。

哈佛大學奈伊（Joseph S. Nye Jr.）教授在一九八〇年代末提出了「hard power」與「soft power」的概念，正可用到當前台灣。

前者是指一國以軍事上的強勢來壓制對方，完成國家政策目標；後者是指一國以其制度上的、文化上的、政策上的優越性或道德性，展現其吸引力。

再進一步說：「軟實力」是一種正面力量，展現在制度上（如民主、法治）、生活方式上（如多元、開放）、政策上（如環保、消滅貧窮）、文化的分享與互動上（如藝術、音樂），因展現吸引力，使別人樂意仿傚、學習、嚮往。

「硬實力」展現在核彈、航母、衛星等戰力上。但因武器採購費用龐大，有時沒有嚇阻敵人，先拖垮了自己財政。冷戰時代的蘇聯即是一例，我們此刻一年六千億武器購買，也面臨了嚴峻考驗。

天下文化曾出版了幾本相關的重要著作。如奈伊的《強權者的道德》（二〇二〇年），前行政院長江宜樺寫了篇深刻精彩的導讀。另一本是王力行發行人主編的《贏在軟實力》，《遠見》雜誌二〇一九年十一月號也製作了〈雙面台灣——一流軟實力 三流硬實力〉專題。

（三）主宰自己的命運

就台灣當前處境來說，最安全的國家安全政策就是不改變現狀——不獨不統、不修憲法、不改國號、不辦公投。在不挑釁對岸下，台灣就可以安全地生存發展；對岸也可以持續它的改革與開放。這樣的做法正是藍海策略的思維，讓雙方跳出硬實力的紅海競賽，開創軟實力的汪洋大海。

台灣在被邊緣化的國際大環境中，唯一可以突破的出路，就是全面提升「軟實力」，來改善台灣的吸引力，增加台灣的影響力。蘇起教授近年倡導：「台灣的民主制度、自由經濟、開放的社會，是台灣『軟實力』的重要因素。只要充分發揮這些『軟權力』，台灣不僅更繁榮，而且更安全。」

（四）構建「軟實力之島」（Taiwan As an Island of Soft Power）

新總統即將於五月二十日上任，他應當把注意力，從硬實力層面轉向軟實力方面。蔡總統任內在電視上常看到的畫面，都是與軍事相關，她自己穿著軍服訓話，其次是參觀各地廟宇，最少的就是總統記者會及探訪青年學生與基層民眾交談。

當以「軟實力」為主軸時，台灣人民突然共同發現，這一條是台灣真正的出路。從府院到社會各界，同心協力，拋棄那些「不可能」、「無效率」、「騙選民」的政治議題，一起決心提升那些「可能的」、「貼身的」、「有實效的」經濟、教育、民生、醫療、文化、氣候變遷、永續發展等人民與世界潮流最關心的領域。

一旦決定構建台灣「軟實力之島」，它就能處理本書提出的——

五大課題：

- 開放：沒有開放的政策，一切空轉。
- 文明：沒有文明的擴散，一切空洞。
- 進步：沒有進步的推展，一切空談。
- 和平：沒有和平的持久，一切落空。
- 學習：沒有學習的普及，一切空白。

要切實推動，就要提出新總統「百日新政」的七個重大「心理建設」：

(1)「願景」不再模糊　(2)「誠信」不打折扣　(3)「承諾」不可落空

(4)「人才」不能折損　(5)「開放」不能猶豫　(6)「和解」不再僵持

(7)「年輕一代」不應迷惘

這也就是我在二〇〇七年《我們的V型選擇》一書中所討論的。當時兩位總統候選人馬英九、謝長廷共同推薦的。

以「開放」、「文明」、「進步」、「和平」、「學習」五力所構成的「軟實力」變成了台灣「軟實力之島」也就成世界上罕見的「和平之島」。

＊　＊　＊

在編輯這五本套書時，衷心感謝天下文化總編輯吳佩穎、副總編輯郭昕詠、設計中心總監張議文、辦公室主任林素伶的全心投入。全套書中偶會出現一些重複的小段落及句子，是我的偏愛，也請讀者容忍。

做為一生是個讀書人，家國經歷過戰亂，手無寸鐵，也無公職，還能找到一本書、一張桌、一枝筆，不間斷地學習，真是上天的恩賜。

第一部

和平之我思

追求兩岸雙贏的海峽之春

百年以來，戰亂一直與中國形影不離——熱戰、內戰、冷戰。今天海峽兩岸的關係仍處於不穩定狀態：統乎？獨乎？僵乎？戰乎？和乎？拖乎？轉好可以雙贏，變壞可以雙輸。

百年來的歐洲又何嘗出現過持久的和平？我們還記得二次大戰時邱吉（Winston Churchill）爾首相面對強大的納粹進攻時，所發出抵抗的吶喊。可是一次世界大戰的浩劫終於使德、英、法、義等國覺醒：追求人民的福祉與和平最為重要。

被認為自私而自負的歐洲人，正展現了棄世仇的大氣魄；被認為博愛而又崇尚和平的中國人，則一直忙於（甚至樂於）內鬥而還自認聰明。

01 與北大師生分享現代觀念

科學、民主、尊嚴

「這真是一塊聖地。」

「近百年來，這裡成長著中國數代最優秀的學者。豐博的學識、閃光的才智、莊嚴無畏的獨立思想，這一切又與耿介不阿的人格操守以及勇銳的抗爭精神相結合，構成了一種特出的精神魅力。科學與民主，已成為這聖地的不朽的靈魂。」

我以這段話做為六月二日在北大經濟學院演講的開場白。這段可能會引起一些爭論的話，是今年北京大學為了紀念九十週年校慶，所出版的一本書——《精神的魅力》——的卷首語。

但是，我又立刻告訴北大的師生：「從某一個角度來看，科學是追求客觀的真理，民主是追求主觀的平等。雖然科學與民主是無比的重要，但還必須要加上『尊嚴』——追求做人的尊嚴。事實上，北大探索真理的精神、孕育獨特價值的精神、倡導超然批判的精神，正反映出做北大人的尊嚴，也正是尊嚴的實踐。」

這是我離開中國大陸三十九年後第一次回到這片土地。回到這片土地後，第一場演講在北大講，我自然是格外地用心。

當飛機在六月的夕陽下，慢慢降落在北京機場時，望著機艙下的黃土與綠野，似乎缺少那份近鄉情怯的感覺。

時間真是殘酷，它沖淡了人的鄉思；隔絕更是無情，它加深了彼此的猜疑。

一九四九年離開上海的時候，我是一個初二的學生，但已經懂得國土破裂的災難；一九八八年到達北平[1]的時候，已經在美國教了二十四年的書，不免要追問

[1] 編注：為今北京市之前身。

民族感情是否血濃於水？

北平是我的第一站，也是唯一的一站。紫禁城、頤和園、天安門……留待以後再探訪吧。我要把七天的時間全部留下來與學者及學生們討論如何能加速大陸的經濟改革。

分享現代觀念

在北大演講的場所，是由當年燕京大學校長司徒雷登住宅所改成的會議室。經濟學院院長胡代光教授給了我兩個半小時。我的講題是「分享現代觀念」。

我首先指出現代社會的特質是：提倡公開討論，減少個人權威；提倡公平競爭，減少壟斷獨占；提倡機會均等，減少特權階級；提倡財富分享，減少貧富懸殊。在兩個半小時的講與答中，我強調：

- **要減少貧窮就要創造財富**；追求財富不是一個令人唾棄的觀念。一個社會如果窮人理直氣壯，其他人委曲求全，這個社會將永遠陷入貧窮。

- **創造財富就要增加生產力**：要增加生產力，從整體來看，需要各種因素配合——健全的公共設施、具有獎勵性的法令、好的行政效率、安定的政治運作。從個體來看，勞動者要有好的訓練、薪資、工作環境及其他誘因。
- **生產力高的國家都靠市場經濟**：當前二十個富裕國家的經濟制度全是靠價格制度、私有財產制與民營企業。要把「中央」全面管制的經濟轉變為市場經濟，確實會遭遇到很多的阻力。但不做調整，管制經濟的弊病如低效率、高成本、物品缺乏、特權氾濫等，就無法改善。
- **實行市場經濟就有優勝劣敗**：在市場經濟下，政府的保護與津貼就會減少，自己的責任與努力就要增加，再也沒有大鍋飯與鐵飯碗。有成就的人會得到肯定，偷懶馬虎的人就會遭受淘汰。
- **增加知識就增加勝算**：個人需要增加知識，政府需要增加教育投資，包括重視知識份子的待遇、地位及專業貢獻。把知識納入決策過程才可減少走冤枉路。靠「拍腦袋」、「突發奇想」的時代早已過去。

我告訴他們：不久前，你們校長丁石孫公開講的一句話引起了普遍的共鳴：「忽視知識份子將成為千古罪人。」文革浩劫的十年曾認為「愈是知識份子愈反動」，現在不要再形成「愈是知識份子愈貧窮」。一位教育家把過去的「斯文掃地」改寫成今天的「斯文不如掃地」，這是需要大家反省的。

在答覆一位同學有關台灣經驗移植的問題時，我說：「現在海南島已經變成了特區，聽說那邊不會有國營事業。既然這樣開放，何不請一批台灣的專家去管理這個特區？」這個答覆引起一陣笑聲。是笑我天真？還是表示贊成？

告別北平

六日下午告別北平。七個小時後經由香港抵達台北。

離去時，我想起一首印度的古詩：

你無論走得多麼遠，也不會走出了我的心，
黃昏時刻的樹影，拖得再長也離不開樹根。
且讓時間來證明它蘊含的哲理。

一九八八年七月號《遠見》雜誌

02 開放大陸直接投資
——經濟特區訪問歸來

與財政部長在北京參加亞銀，對中共國歌起立的深遠意義相比；與中華民國政府，以「台澎金馬」地區申請入GATT的現實考慮相比；與中華民國元首訪問新加坡時，能接受「來自台灣的總統」自我容忍相比；政府允許民間對大陸的投資，由間接而直接，政策上只是化暗為明的一步，不應當猶豫。

真正值得斟酌的是，在那些中共改變的條件下，由民間的交流而變成官方的接觸。

一個能認識變動，而做適宜調整的政府，才是一個敢做事的政府。

推出去的因素

儘管兩年來，我一直認為海峽兩岸應有雙向的、直接的學術交流，但對工商界去大陸投資，我一直只贊成民間要謹慎地以間接的方式進行。可是面對愈來愈惡劣的國內經濟環境，以及台商在大陸沿海經濟特區呈現的蓬勃活力，我認為政府應當勇敢地面對現實，開放直接投資。

一年前，我曾提出台灣企業面臨的五種「新夾殺」（見一九八九年三月號《遠見》雜誌）。

令人痛心的是，一年來這些「夾殺」對企業的殺傷力有增無減，變成了「推」產業出去的重要因素。面對這種困境，求發展的、有抱負的企業，就不得不在台灣以外的地區發展。事實上，這也是經濟轉型期所必經的一條路。以勞力密集為主的產業，海外投資的地區不外泰國、馬來西亞、印尼、菲律賓與中國大陸。

多年來，法令上的限制，心理上的排斥、地理上的隔絕，中國大陸一直不是一個具有吸引力的地區。但是隨著大陸沿海經濟特區的設立，兩年前探親的開放、國內環境的惡化，使台灣產業界掀起了大陸投資熱。

「一國兩制」

二月中旬在廣州與廈門經濟特區十天的訪問，使人體察到中共的這一發展策略的大膽，因為它已經造成了「一國兩制」，使大陸人民可以清楚地比較兩個不同制度的優劣。在大陸其他地區，經濟活動仍以共產主義模式為主；在特區則像市場經濟一樣，有經營的、投資的自由與優惠。

二十四年前，我國創設高雄加工出口區，在當時已經相當開放的社會中，還遭受到不少強烈的反對（如租界的復活、剝削本國勞工、走私不易防止等）。中共要在共產體系下設立這些特區，實在要克服無數法律上、觀念上、執行上的困難。因此，一進入深圳，就立刻看到鄧小平在一九八四年一月的題字：「深圳的發展和經驗證明我們建立經濟特區的政策是正確的。」特區要靠鄧小平的「特准」才能生存。「六四事件」之後，特區擔心經濟改革是否會走回頭路。最近李鵬來到特區，宣布特區還要「特」，使特區的投資者放了心。

在經濟落後與勞力過剩下，開闢經濟特區（加工出口是其中的一個型態）是一個重要策略。經濟特區的負責人可以如數家珍地告訴來訪者，這些特區是：

- 要吸收外資，彌補國內資金不足。
- 要增加就業，利用大陸龐大的人力。
- 要引進新的管理方式，打破大鍋飯的懶散。
- 要引進新的技術來增加生產力。
- 要開發本國資源，提高生活水平。

以廈門為例，根據廈門外商投資企業管理局提供的資料，在一九八一～八九年間，共有六七六家廠商，外商投資總額一六．二億美元，投資於七八一項。目前台商已經設廠的有二二七家，投資金額約六億美元，大部分集中在紡織、雨傘、手提包、服裝、玩具、皮革、化工、電子等產品。

對大陸投資的看法

當前去大陸經濟特區投資的三個有利因素是：

⑴低廉的工資與充沛的人力：一般來說，兩邊的工資相差十倍，剔除工作效率較低者，工資相差仍達六～八倍。

⑵廉價的建廠用地與廠房租賃的方便：建廠成本高，土地難以取得，是台灣企業面臨的另一個瓶頸。

⑶投資的優惠待遇（如免稅等）。

這些在台灣難以生存的勞力密集廠商，如果去大陸設廠，也會對台灣產生多項好處：

- 使勞力密集產業在台灣加速淘汰，有利工業升級。
- 使資金有出路，減少進入投機性行業。
- 使產品有出路，可以繼續賺取外匯。

• 使創業的活力可以繼續施展。

• 使台灣因為這些技術低、人力需求多的產業外移，減少了勞工短缺的壓力，減少了對土地需求的壓力，減少了可能產生的公害。

也許有人擔心，大陸投資是否會使台灣產業空洞化。事實上這些勞力密集產業，如果不移向大陸，本就要被淘汰，根本不構成「空洞化」的加速。即使因此而喪失工作機會，因台灣當前勞工短缺，很容易被其他行業吸納。

也由於這些勞力密集產業只牽涉到簡單的加工生產，尤其當中共已經會製造飛彈、噴射引擎、潛水艇時，根本就不構成所謂「資匪」的舊觀念。

當然，去大陸投資有它的風險性。投資者最擔心還是中共政策的突變。在特區中的台商告訴我：他們不相信中共敢在經濟特區做出對外資（包括台商）重大的、不利的轉變。

在大陸設廠當然還要考慮其他因素：法律方面的保障是否周全，水電的供應是否充分，交通運輸是否方便，勞工的訓練是否困難，原料的取得是否容易，公家機構的溝通是否複雜等。

業者還應當考慮如何組織起來，透過整體的規劃與談判，減少個別的協商，獲得更多的保障。

同時，除了無法在台灣生存或允許設廠的產業外，業者們要把自己的根留在台灣，並且要留意在大陸生產的產品是否會對留在台灣的產業構成威脅，削弱了台灣本身的力量。

近兩年蜂擁而至大陸設廠的台商，以行動說明：經過各種因素評估後，那裡仍是一個有利的投資地區。

另一層次的考慮

在答覆去東南亞投資時，王永慶說：「在同一條件，我會選擇到中國大陸。」從寬闊的中國人觀點來看，只有透過這些民間的投資，大陸的勞工，才可以獲得較高的工資，過較好的生活，同時也可親身經歷較有效的管理方式與較佳的制度。這不正就是把市場經濟的優點活生生地帶入一個共產社會嗎?如果大陸不設立「台商投資區」,政府還應當想盡辦法鼓勵民間去那邊設廠,顯示共產制度的破產;現在,大陸敞開了大門,我們還常要白白喪失這種經濟示範的機會嗎?這正就是不久前我所說的「改變它(大陸),遠勝過征服它」的道理。

化間接為直接

每次去北京,北京的氣氛愈來愈寒冷。第一次去沿海經濟特區,則立刻感到「台商」投資與貿易的熱絡。在每一個旅館、餐廳、機場都會遇到相識與不相識的台灣工商界人士。他們會拿出兩張名片:台灣的以及大陸的(或香港的)。

他們相互見面時的寒暄不是:「你第一次來?」、「你也來了?」而是:「決定來了沒有?」、「開工多久了?」他們的想法是:「王永慶也要來了!」、「政府也快允許直接投資與貿易了吧!」

根據《天下》雜誌對一千大製造業負責人所做的問卷調查,有七成認為「政府應該開放對大陸直接投資」。根據《自立晚報》二月下旬對五百大企業負責人的調查，逾八成（八一%）贊成開放直接貿易。

任何一項賺錢的投資，政府要阻擋很難；任何一項虧本的生意，政府想誘導也很難。在政府沒有准許間接通商前，早已有間接貿易；在政府當前還沒有同意直接投資前，早已有直接投資。所謂「間接」投資，事實上是聊備一格，對付政府而已。而當前對工商界組團考察的限制早已失去實際意義。

目前的所謂「間接」投資，徒然增加業者的費用及時間的損失；徒然被第三國從中獲取很多利益；徒然表示政府缺乏認清當前環境的勇氣。

我們要籲請財經當局，允許台灣廠商名正言順地去直接投資，來代替名存實亡的間接方式。

一九八九年三月十三日發表於《經濟日報》

03

初抵重慶長江邊看到一根扁擔的聯想

——有膽說，要有膽做

一樣的現實

中國農村貧窮的縮影，就是農夫牽著衰老的水牛，無奈地站在乾裂的土地上。中國都市貧窮的標誌，就是成群的工人拿著扁擔，焦急地在碼頭邊等待挑貨。這是四十年前在江南長大的童年生活中，所留下清晰的記憶。

一九九二年六月中，初次到達「山都」重慶，在長江邊的碼頭上，又看到一群工人，靠著那根瘦長的扁擔，居然就可以挑上六件大小行李。使我佩服，也使我感慨。

不一樣的時空，仍是一樣的現實。這個現實，就是以勞力謀生的人，很難掙脫一輩子艱苦的命運。

貧窮的兩個原因

探訪了中國心臟的長江流域，使我深刻地感受到一世紀以來中國貧窮的兩個根本原因就是：輕視經濟，忽視教育。

在雲南大學的座談會上，我指出：如果當年五四運動除了賽先生（科學）與德先生（民主）之外，同時提出了伊先生（Economics，經濟），中國的現代史可能改寫。即使當時提出的科學真可以救國、民主真可以興國，但沒有經濟怎能富國？國家貧窮，一切都落空。要使國家富裕，「蘇聯模式」已經證明了徹底的失敗。

四十年來大陸對教育以及知識份子的輕視，更是當前落後的癥結。因此，出現了一些令人心酸的順口溜：「開腦袋的不如剃腦袋的」、「造原子彈的不如賣茶葉蛋的」、「彈鋼琴的不如搬鋼琴的」，當然也就產生了「教一年書不如養一頭豬」的淒涼現象。

用筆桿的人增多

按照現代「人力投資」學說，對經濟成長有貢獻的是那些受過良好教育與訓練，同時具有良好的健康與心智狀態的人；因此個人要對自己投資，政府也應當鼓勵贊助。決定生產力的關鍵因素不再是人口的數量，而是對人力素質的投資。只有透過人力投資，現代科學才能衍生、應用、生根、擴展。「終年辛苦不得一飽」的農村貧窮也只有靠現代科技帶來的灌溉、施肥、育種、土地改革來改善。用通俗的話來說，社會進步的過程就是：把挑扁擔的人減少，把用筆桿的人增多。

用筆桿的人增多，不是階級意識上看輕體力勞動，而是知識份子（管理、電腦、生化科技、環境科學……）在各種領域中的風起雲湧，如此一個落後社會才有可能變成現代社會。

挑扁擔的人，除了原始的體力之外，沒有知識上的投資。扁擔當作生產工具，其成本也是微不足道，是一個十足勞力密集性的工作，因此，其所得的報酬，只能餬口。

用筆桿的人，由於對本身的教育投資，累積了知識與技能，因此而產生的力量，遠非靠體力的所能比擬。對現代社會的貢獻，體力當然抵不上腦力，槍桿當然抵不上筆桿。

新「國富論」

中國大陸出現了空前的轉機，挑扁擔的可以不再挑扁擔。

鄧小平年初南巡之後的話，正在大陸各地引起熱烈的回應。在雲南、武漢、廈門，都聽到當地人士引述鄧的話：「誰反對改革開放，誰就垮台。」語氣中充滿急切與期望。

六月十五日的《昆明日報》以頭版半整頁的篇幅報導，江澤民於六月九日在中央黨校發表的重要談話。其中幾段話值得摘錄。

……解放思想，實事求是，放開手腳，大膽試驗，排除各種干擾，抓住有利時機，加速改革開放步伐，集中精力把經濟建設搞上去。

……深化改革，推動技術進步，增加高質量的新產品，發展外向型經濟，積極有效地利用外資，提高企業素質。

吸引和借鏡當今世界各國，包括資本主義發達國家、先進國家的先進經營方式和管理方法。

高度集中的計畫經濟體制……愈來愈不適應現代化生產發展的要求……以致往往把整個經濟搞死……所以，對這種高度集中的計畫經濟體制進行根本性的改革勢在必行，否則就不可能實現我國的現代化。

最後，他指出，當前必須抓緊幾個關鍵性問題：一是轉變政府職能，切實實行政企職責分開；二是擴大企業的自主權；三是更新計畫觀念；四是大力培養市場。

這幾段話可譽為中共當局執政以來的新「國富論」——不僅勇敢，而且深刻。在這種改革的大浪潮下，如果再追問「他們是不是共產主義的信徒」，就變得不厚道了。

中共領導人既然有膽說，現在就要有膽去做。只要有膽做，挑扁擔的人就會在中國的大地上逐漸消失。

一九九二年八月號《遠見》雜誌

04 誰在加速轉變大陸？

一項選擇題

當一九九二年大陸經濟成長率高居世界首位時，當兩岸間接貿易超越七十多億美元時，更當鄧小平提出「不改革開放，只能是死路一條」時，面對一九九三年，我們要嚴肅地討論：大陸不改革，中國沒希望，那麼在台灣的二千萬中國人，有誰在加速中國大陸的轉變？

讀者們來試答這個選擇題：

(1)國統會

(2)大陸委員會

(3)國民黨中央黨部

(4)前述三項全對

可惜的是，上述四項答案全錯。如果加速大陸改革的力量不來自這些重要的組織與黨政機構，會來自哪裡？

正確答案

請大家一起再思考這些問題：

- 誰在給大陸勞工謀生的技能？
- 誰在挑選大陸青年，教他們有管理的本領？
- 誰在改變大陸人民大鍋飯的心態？
- 誰在大陸提供較好的工資、較多的工作機會？
- 誰在繁榮地方、創造外匯？

• 誰在「補貼」大陸幹部的低工資？
• 誰在現場示範較好的工作態度、生活方式、創業過程？
• 誰在對大陸官方與人民呈現市場經濟的效果？
• 總結一句：誰在以和平的方式、理性的態度，轉變中國大陸？

上個月再走訪了沿海特區及內地城市之後，我認為答案只有一個：那就是散布在大陸各地的三千多家以上的台商。

對台商的一些觀察

訪問了台商，參觀了他們的工廠，更印證「中小企業是『台灣奇蹟』主幹」的說法。這些台商現在跨越台灣海峽，再以罕見的活力，冒著觸犯台灣法律的風險及大陸人治社會的不確定感，或獨身或三五成群來到那個半陌生半熟悉的土地上，參雜著會賺錢的信心與怕血本無歸的恐懼。

他們在荒野、在農地、在垃圾堆上搭廠房、蓋宿舍、接裝配線、裝發電機，從遍地淒涼的一無所有，到每天幾個貨櫃產品外銷，台商實在是汗水中拚出來的一群「經濟中國」尖兵。

去年初與李誠及林祖嘉二位教授合作的實證研究顯示：大部分台商是賺錢的，這次在上海、南昌、杭州、紹興、廈門、深圳等地所獲得的印象：賺錢的台商更多、投資的規模更大、前去大陸投資的人數更多。他們的看法幾乎沒有例外：「大陸市場充滿潛力。問題不再是來不來投資，而是為什麼沒有早些來。」

第一個在大陸成立的深圳台商協會會長吳盛順先生說，目前已有一一六〇家台商入會，還有近二百家台商在深圳辦理設廠登記手續。

一位台商驕傲地說：「我們早已先政府經濟登陸了。」另一位說：「政府對我們的警告實在不必要。我們會拿自己的錢開玩笑？我們還不懂得來保護自己嗎？」第三位說：「如果我們聽了政府的話不來投資，那真是愛之適足以害之。」

這些經濟尖兵在這追求效率的過程中，就很自然地在推廣「台灣經驗」。一位台商說：「我選工人的時候有二項特別規定，講國語，學繁體字。」

在一位台商的工廠中，牆上四處貼著「中華民國品質管制學會」印製的標語：「製造須靠低成本，競爭端賴高品質」、「重視品質求效率、爭取市場得勝利」。

在另一家台商的產品陳列室中，展示了一個中華民國經濟部頒發的品質優良獎牌。在大陸看到「中華民國」四個字，正如在杭州的岳飛廟中看到「還我河山」一樣地令人激動。

「台灣是我的家」

在這個缺少法治、基本建設不足的大陸社會中，台商當然有他們的抱怨：如地方政府會隨時增添規費項目、水電時常不足、辦事更要靠關係。

問台商：「歐美沒有這些毛病，為什麼不去那邊投資？」、「地方再好，賺不了錢，就不會去。」

再問台商：「大陸有這麼多毛病，為什麼要來？」、「地方再差，賺得到錢，就會來！」

一位台商頗有見地地說：「兩岸的政府只要採取類似的策略，中華民族團結起來真不得了。這個策略就是：你投資，我歡迎；你盈利，我收稅；你困難，我支持；你虧本，我不管；你犯法，我抓人。」

在深圳的座談會上問十餘位台商：「你們來這邊投資，不會引起台灣產業空洞化嗎？」他們異口同聲地說：「除了一些夕陽工業必須轉移外，我們的總公司都在台灣，負責研發、負責市場、負責推銷新產品。這裡是賺錢的地方，台灣是我們的家。我們怎麼會笨得把家丟了？」我真希望，那些經常在國父遺像前，發表對大陸政策演說的要員們，親自來看看台商們的打拚精神與對大陸人民的實際貢獻，也許對自己的大言不慚會有所反省。

在赴大陸投資的過程中，台商扮演了多種角色：創業者、冒險者、危機處理者，同時也不自覺地變成了「台灣經驗」的移植者及市場經濟的推廣者。

讀十八世紀經濟史時，就會常常看到當時資本主義剛萌芽的英國，這麼一段生動的形容：每天天還沒有亮前，就有做新鮮麵包的人起來工作，他的辛勞不是因為他愛鄰居，因此要填飽他們的肚子，而是很自私地為了要填飽自己的肚子，不得不早起來賣新鮮的麵包。

在利潤的誘引下，沒有意識型態的台商（九〇%以上是台籍）在大陸設廠投資，無意之中加速了大陸的改革與轉變。這真是「一隻看不見的手」既微妙又靈巧的功能。這一事實正符合經濟部江丙坤次長的期望：「為了使台灣經濟成長，以及有益於大陸質變，我們要善用對大陸的貿易投資。」

一心想以「三民主義統一中國」的政府官員們，在他們自認的謹慎政策下，反而阻礙了大陸的改革而不自覺。這正又是一個「徒有好意，卻沒有好結果」的政策失靈例子。

一九九三年二月號《遠見》雜誌

05 推動大陸希望工作團

不再有「賣台集團」的指控

政治家與政治人物最根本的不同，在於前者有政治理想，能鍥而不捨地去追求；後者只求政治妥協，時刻保護自身權位。

政治家的政治理想可以是建立一個「公平社會」，可以是不打折扣地推行「廉能政治」。在當前台灣的處境下，更可以是追求「一個民主與均富的中國」。

唯其總統與行政院長都是台灣籍，如果李、連二位同心協力，誠心誠意地去推動「一個中國」政策時，就沒有人會指控他們是「賣台集團」，也沒有人懷疑他們「會犧牲二千萬人民的利益」。

在這樣有利的大環境中，就容易推動這樣的政治理想。在總統府完全主導大陸政策下（如總統府的副祕書長邱進益變成了海基會的祕書長，機要室主任焦仁和調職為大陸委員會的副主任委員），這真是政府在大陸政策方面可以有突破性作為的最佳時機。

突破性的作為

目前的《國家統一綱領》有進程表，沒有時間表。只有靠突破性的作為，才能克服沒有時間表的惰性。我們要瞭解：在大陸經濟改革的加速轉變中，「時間」對台灣並不有利。

對大陸政策一直持有前瞻性看法的李總統，想必日夜深思，在不危及台灣二千萬人民的安全與福祉之下，如何才能有突破性的作為？

過去，我曾在文章中建議過，以李總統對農業改革的豐富經驗，應在台灣設立專案小組，由他來主導大陸農業改革方案，然後透過民間方式，向北京轉達。

最近，我也在演講中說過，當美國政府批准出售一百五十架F-16戰機給台灣時，李總統可以宣布，我們只購買一百三十架，另以省下二十架的經費來協助對岸的福建，發展其農業、教育、基本建設。我個人相信，這樣的善意，可以帶給台灣遠比二十架戰鬥機提供的安全。

大陸和平工作團

現在，我建議李總統來倡導成立「大陸和平工作團」，突破兩岸關係，但要以民間的力量與資金來推動。

「和平工作團」（Peace Corps）的理念是在一九六一年，由當時剛任美國總統的年輕甘迺迪（John F. Kennedy）所提出。他激勵年輕的美國男女。要以博愛的精神與平等的胸懷，奔向貧窮落後的國家，去幫助他們改善生活。

三十二年後，剛上任的另一位年輕的美國總統柯林頓（Bill Clinton），於三月一日呼籲美國大學生參與「全國性的服務計畫」，一方面可以減少社會問題，另一方面可以增加收入，支付學費。

隔絕了四十年的台灣與大陸，最需要的就是彼此的瞭解——尤其是年輕一代的瞭解。

如果在台灣有人提倡「急獨」，就引發了北京「急統」的藉口，如果在大陸有人要「急統」，同樣會引發台北「急獨」的火種。目前，為了兩邊的共同利益，不要逞「獨」或「統」的口舌之快，而要平心靜氣地倡導雙方有利的交流。

「大陸和平工作團」是一個實際可行的交流。

民族情，中國心

透過政府的倡導、民間的推動，讓成千上萬年輕的大專畢業生，以他們的熱忱與專才（教育、會計、護理、電腦、建築、英語……）奉獻出一年或二年的時間，到大陸較偏僻的城鄉，為改善他們的生活盡些心力。

台灣已有一些人參加了大陸「希望工程」的推動，「希望圖書館」的設立。

或許，我們可以把「和平」工作團更恰當地改成「希望」工作團。

在台灣奢靡的社會風氣下，學校對家庭更應當共同提倡「社會大愛」——義務性的奉獻，把人性中的熱愛、關懷、同情激發出來，用之於台灣，也應當擴及到大陸。

看過大陸山區小學的簡陋，就一定會激動地想捐些錢；看過大陸偏遠鄉村的落後，就一定會激動地想盡些力。這就是同胞愛，這就是民族情，這就是中國心。

「和平工作團」的建議，事實上，在去年的一項座談中。當時的邱進益副祕書長就曾經提出過。希望以他現在海基會祕書長的民間身分，獲得總統的支持，來推動促成。

這樣的「工作團」會帶給兩岸更多的希望。

一九九三年四月號《遠見》雜誌

06 讀大陸《交鋒》，避兩岸交鋒

汪先生的贈書

今年四月在杭州參加了《遠見》雜誌主辦的一項學術討論會後，前往上海會晤汪道涵先生。一年未見，汪先生風采依舊，他的談吐使人想起台北久未與他見面的儒商辜振甫，以及不久前見過面的儒將許歷農。

餐敘中正在暢談「科教興國」時，他的祕書遞給他一包書。汪先生很高興地向客人說：「我要送每位一本書，這本書目前非常受到重視，書名是《交鋒》，討論二十年來我們的三次思想大轉變，很值得您們帶回去看一看。」

稍一翻閱，我立刻被其鬥爭性的主題與可讀性的文字所吸引。對我這個一向關心大陸經濟改革，但又未特別研判意識型態的人來說，這本書正提供了一個共產黨思想交鋒的縮影。它使我進一步瞭解：在那個「左」或「右」的思想可以主宰一切的年代，「路線」與「立場」真是左右了同志的政治前途、歷史的軌跡與十二億人民的命運。

是晚，從旅館遙望外灘的夜色，與匯海中路的街景，想起半世紀以前，我曾在上海讀過小學與初中的情景，輾轉難眠。一九四九年三月，隨著雙親，從上海坐了海張輪遠渡台灣。如果當時沒有離開上海，一直生活在那個環境，那麼對《交鋒》這本書，一定更會有刻骨銘心或恍如隔世的感受。

三次思想解放

次日去北京與「台灣作家訪問團」會聚。在北京停留的四天中，多位文化界朋友都主動談起《交鋒》是當前最熱的一本書，值得向大陸地區以外的中文讀者推薦。他們告訴我，一個月內《交鋒》就銷售了二十萬冊，並有近千種報章雜誌的評論及報導。經過北京朋友的熱心協助，我們十分高興《交鋒》已於六月下旬由台北天下文化獨家出版。

這本書被形容為大陸改革開放二十餘年來，第一本擁有第一手資料、公開共產黨黨內思想路線鬥爭的書。而且，由於作者馬立誠與凌志軍目前分別是《人民日報》的社論撰述與主任記者，更增加了官方的色彩及重要性。

這本書的主軸是討論改革開放中的三次思想衝突與突破：

(1)**一九七八年：**第一次思想解放，衝破了「個人崇拜」，戰勝「兩個凡是」（凡是毛主席做出的決策，我們都堅決維護；凡是毛主席的指示，我們都始終不渝地遵循）。

(2)**一九九二年：**第二次思想解放，衝破了「計畫經濟崇拜」，破除姓「社」姓「資」。

(3)**一九九七年：**第三次思想解放，衝破了「所有制崇拜」，釐清姓「公」姓「私」。

兩岸知識份子最關心的問題，還不僅是揭露過去，更在熱切地等待下一次的思想解放——應當是最難、卻無法避免的政治體制的解放——會在什麼時候出現？作者含蓄地寫著：「我們沒有預估未來的智慧，只是猜測，可能出現在（一九九七年九月）十五大報告中所說的『政治體制的改革要繼續深入』的時候。」

歷史的偶然或必然

在台灣今天這樣一個言論自由而又多元的社會，讀者對書中的論點，自會有他們自主、獨立、成熟的判斷。只有當人民真正生活在開放社會時，大陸上五十年來這種「你死我活」、「左也不是，右也不是」的意識型態論戰，才會埋葬在歷史的灰燼中。事實上，多元社會所爭的不是左右，而是對錯與是非。讓我們祈禱這一天的早日來臨。

斷流了一百三十二天的黃河下游河道，在一九九七年八月初恢復了大河東去。大陸與台灣的關係正如滾滾黃河之水，將是斷流還是合流？何者是歷史的偶然，何者是歷史的必然？這正考驗著兩岸領導人的智慧。

在當前兩岸關係依然撲朔迷離之際，這本書的結論提供了一個較樂觀的前景。台灣與大陸最需要的不是「交鋒」，更不是交戰；而是交流與交心。

一九九八年七月號《遠見》雜誌

07

如果北京提出另類三不
——不反對台北與小國建交，不反對台北的戒急用忍，不反對台北向美採購武器

另類「三不」

當地球上大多數人民在為世界杯足球賽廢寢忘食時，台灣則被美國總統柯林頓在上海所宣布的「三不支持」陷入又一次的激情中。

把兩岸關係看成零和遊戲時，柯林頓的「三不支持」，已向北京傾斜。如果台北真也想要打破當前兩岸的僵持關係，那麼其中——「不支持台灣獨立」或許真如塞翁失馬，有助於平息台獨爭論，為今後兩岸的對話鋪路。

讓我們假想中南海的另一個場景：

充滿自信的總書記江澤民自問：「我都可以放心柯林頓三次講話的現場直播，為什麼在台灣問題處理上總是步步為營？」接著，他想：「凡是台北所要的，過去北京所反對的，現在我就一概遷就，直到二〇〇〇年五月再做評估。」

於是，北京對外宣布二年內：

(1)不反對台北與「小國」建交。

(2)不反對台北的「戒急用忍」。

(3)不反對台北向美國採購防禦性武器。

讓我們稱它為北京的「另類三不」。

當台北當局還在研判大陸「葫蘆裡賣的是什麼藥」時，世界各地已引起熱烈回響。

第三世界的小國要求與台北建交或復交的函電雪片般飛來。希望建交、復交的條件，從幾千萬美金貸款萬元「台援」不一而足。

因為北京要支持台北的「戒急用忍」，本由台商占領的一片大陸市場，突然出現真空，使歐美、日、韓及東協各國大受鼓舞，日幣止貶回升，各國企業加快湧向大陸。

美國製造軍火的大企業，聽到這個意外喜訊後，立刻透過各種管道，遊說國會與白宮：「為了對付中共這個軍事大國，趕快趁這個時候批准大量高性能武器賣給台灣。」

高興？憂慮？

北京的「另類三不」不正是我們政府天天力爭的嗎？當這些變成「可能」時，台灣二千二百萬人民應當真正的高興？還是真正的憂慮？

首先，要擔心的是，下次蕭院長與胡部長「走出去」時，不知道又去了哪一個不知名的地方？我們過去所學到的地理知識以及舊版的世界地圖，已經無法找到這些「新興國家」。我只要指出：自一九七一年中華民國退出聯合國後，台灣的經濟「成長率」從未與小國「建交數」發生過任何關聯。

在當前與我們有邦交的二十七國中，從人口最多的一千萬人的布吉納法索（它在哪裡？），到人口最少的一萬人的諾魯；每人所得從最高五千美元的聖克里斯多福（又在哪裡？），到二百三十美元的海地。

在二十七國中，有十個國家的人口沒有超過一百萬，其中五個國家人口不到十萬；至少有十一個國家的每人所得低於一千美元。

如果是為了人道理由給它們援助，與它們建交，也許沒有人會反對；如果是為了務實外交，爭取國際空間，想要進聯合國，而與它們建交，是否緣木求魚？

如果政府決定可再與其他「十個小國」建交，我們是否要為外交部捏把冷汗：建（復）交的禮物與設館的費用要多少億？尤其這二十多個小國元首，如果不斷輪流來訪時，會不會不勝其擾？最根本的問題是：增加「十小」的承認，真是值得嗎？

自「戒急用忍」以來，兩岸的投資與經貿往來，沒有巨幅變化的二個主要原因是，北京無視於「戒急」，台商也對「用忍」陽奉陰違。

在最近四年中（一九九四～九七），台灣對大陸的貿易總順差高達七八二億美元，同期台灣與世界各地的貿易總順差則僅為三六九億美元。二者的差距為四一三億美元。亦即今天台灣八百多億美元的外匯存底中，有一半來自台商對大陸經貿所帶來的貢獻。

如果北京全面配合台北的「戒急用忍」，斷絕兩岸經貿往來，其結果當然是兩敗俱傷；但台灣所受的傷害，尤大於大陸。

沿著老路走

當美國可以出售更多防禦性武器給台灣時，我們真面臨了兩難。為了國家安全，誰會反對？但是，要買多少武器才能提供足夠的防禦嚇阻？

根據斯德哥爾摩國際和平研究所公布：在一九九七年，台灣對傳統武器的採購已高達四十億四千九百萬美元，高居全球第一（沙烏地阿拉伯第二，約二十四億美元；中共第三，約十八億美元）。當北京不反對時，如果台灣再購買五十架F16，據估計每架至少約為四千萬美元，即又要支出二十億美元（或接近七百億台幣）。

七百億台幣用在教育投資是一個天文數字。教育部長林清江向參加「科技政策座談」的中研院院士們宣布：政府打算編列一百億台幣教改研究基金，吸引國際頂尖人才返國工作，為台灣打造諾貝爾級的研究環境。

我們要增購七架戰鬥機（約為一百億台幣）？還是要支持教育研究基金？當年艾森豪將軍（Dwight D. Eisenhower）說得多沉痛：「窮兵黷武的世界，不僅只是消耗了錢財，也消耗了勞動者的汗水、科學家的才智，以及下一代的希望。」

這個假想中的「三不」，雖然符合政府一再宣示所追求的，帶給台灣的「利」，不一定會多於「弊」。

最大的後果是把國家有限的資源，用之於武器採購，產生嚴重的排擠效果；同時民間的經濟活力無法施展於大陸市場，造成巨額的順差損失。

但是我們不要擔心：大陸怎麼可能會宣布「另類三不」？因此，在可預見的將來，兩岸仍會在外交上互挖牆腳；在經貿上，台灣仍可賺取對方二百多億美元的順差；然後透過各種遊說，心甘情願與迫不及待地要花比二百億美元更多的錢，去向美法等國購買武器。

兩岸領導階層如果仍然沿著老路走，怎麼可能為中國人開創新局？

一九九八年八月五日發表於《聯合報》

08

北京大度出手，兩岸突破僵局
——武力不可行，公投不可能，協商不易成

北京的朋友客氣地說：去秋辜振甫先生的融冰之旅，帶來了今年的暖冬。一週前在北京參加了「兩岸關係座談會」，卻深切感受到除非北京「大度」出手，兩岸關係仍然無法解凍。

歐元的問世，正對細微末節與雞毛蒜皮都不肯一絲放鬆的兩岸會談，提供了一個刻骨銘心的諷刺。我們只有祈禱兩岸領導人從「歐洲整合」、「歐洲一體」、「歐元版圖」的最新發展中，打破小格局，展現大魄力，才能為自己奠定歷史地位，更能為中國奠定世界地位。

時間不站在內鬥的任何一方

二十世紀最後一年（一九九九）的世界大事是：歐元在十一個歐洲國家啟動，凸顯了歐洲人的格局。

百年以來，戰亂一直與中國形影不離——熱戰、內戰、冷戰。今天海峽兩岸的關係仍處於不穩定狀態：統乎？獨乎？僵乎？戰乎？和乎？拖乎？轉好可以雙贏，變壞可以雙輸。

百年來的歐洲又何嘗出現過持久的和平？我們還記得二次大戰時邱吉爾首相面對強大的納粹進攻時，所發出抵抗的吶喊。可是一次世界大戰的浩劫終於使德、英、法、義等國覺醒：追求人民的福祉與和平最為重要。這些國家克服了歷史的仇恨、民族的自負、文化的驕傲、文字和語言的不同……建構了歐洲人和睦相處、共同繁榮的夢想。德國總理施洛德豪氣萬丈地宣稱：「『戰後時代』隨著九年前柏林城牆倒塌而終結，我們的未來是從一九九九年一月一日起跑。」

被認為自私而自負的歐洲人，正展現了棄世仇的大氣魄；被認為博愛而又崇尚和平的中國人，則一直忙於（甚至樂於）內鬥而還自認聰明。

在當前兩岸關係中，大陸缺乏台灣情，台灣缺乏大陸情，雙方更共同缺乏中華民族立足二十一世紀應有的宏觀布局。兩邊的技術官僚與專家各為其主，不僅對「大原則」如「一個中國，各自表述」、「二個制度」、「治權共享」、「公民投票」、「維持現況」、「外交休兵」等等爭論不休，同時兩岸對「芝麻小事」亦寸步不讓：如在北京，不能接受國立清華大學之「國立」二字；到了台北，大陸代表看到中華民國國旗，就要離席抗議。台北當然也處處設防。寧可用菲勞、泰勞，就不用陸勞；大陸歡迎台商投資，台灣就不准陸商來台投資。

中國人的苦難，大部分來自領導階層的貪權與好鬥，就如「一簍子中整天忙於相互箝制的螃蟹」，永無寧日。內戰與內鬥必然帶來重大的內耗，這已經把中國的進步阻礙了近一個世紀。

單就近年兩岸關係的會議來說，雙方已不曉得開了多少次會議，花了多少時間與精力，討論過多少次類似的題目，其開會結論或是舊調重彈，或是同意相互的不同意。以雙方這樣的蝸步進程，三百年也不可能出現像歐元這樣的大整合。

當不同語言以及不同學術水準的歐洲各國意氣風發地說：「新歐洲時代已經來臨。」台灣還不能承認大陸重點大學的學籍！

在這個全球競爭力比賽的時代，時間永遠不站在內鬥的任何一方。

難以估計的機會成本

從消耗的機會成本來看：如果兩岸第一流人才的時間、精力與思維不用來相互內鬥（「協商」是文雅的說法），而用於國家建設該會產生多少正面的效果？如果雙方不在外交上互挖牆腳，爭取那不知名小國的承認，把這些幾千萬美金用於教育，對下一代又該帶來多少的好處？最可怕的支出，當然是現代武器的採購。如果兩岸修好，台灣節省下一半的國防支出，一年就有一千五百億台幣，如果把其中三分之一捐贈大陸，用作科教；三分之二留給台灣，也投入科教，幾年之後，雙方就會從這種投資中，看到兩岸科技的生根與進步。

兩岸領導人為什麼不能像老百姓一樣地想想？人民所夢寐以求的：就是一個

小康、安定、公平、開放的社會！

突破的方式與僵局的底線

評估近年的交流與兩岸的會談，我們可以提出三個總體觀察：如果突破兩岸僵局（邁向民主與均富的一個中國）的方式：

(1) **中共靠武力**：不可行。只要台灣不宣布獨立，沒有外力介入，北京就沒有任何動武的藉口。

(2) **台灣靠公投**：不可能。如果真有公投，最可能的結果是台灣維持現況。

(3) **兩岸靠協商**：不易成。這是雙方一直沿用的策略。中共江澤民總書記在新年茶會中再次表示：「我們同台灣當局依然存在政治分歧，但可以通過對話和談判求得合情合理的解決。」台北部分輿論稱讚他「對台調子放軟」、「訴求對話與談判大有新意」、「顯示立場漸趨緩和」。

我所擔心的是：根據過去太多次經驗，一件意外（如千島湖事件）、一個名詞（如一個中國）、一次政府改組（大陸或台灣）、一方的堅持（如大陸要推行民主），都可以擱置或延誤任何協商的進展。

事實上，目前尚難確定汪道涵先生是否將於今春來台舉行另一次辜汪會晤。在北京的評估，已出現了兩個變數：⑴國民大會五月的修憲，尤其涉及總統任期延長案帶來的不確定性；⑵汪先生來台，對「兩岸開展包括政治、經濟在內的對話」（此即辜汪會晤達成四點共識之第一點），是否真能獲得實質進展的憂慮。

北京與台北的政治底線或許正就是在「不獨」與「不統」之間僵持。這也最符合大多數台灣人民「維持現狀」的願望。

只要台灣不宣布獨立，大陸就可以接受「不統」。

只要大陸接受台灣現況，台灣就可以接受「不獨」。

這也正是一年來連副總統所強調的「三不」與「三要」——不獨、不統、不對立；要和平、要交流、要雙贏。

在上述「不可行」、「不可能」、「不易成」的現實下，如果大陸真要突破兩岸僵局，只有「大度」出手一法。透過寬容、讓步、彈性、善意、耐心來贏取台灣的民心。

民進黨的朋友（如姚嘉文先生在北京有關兩岸關係研討會中的發言）常以男女關係巧妙地比喻兩岸關係。美滿的婚姻結合（統一），不能「逼婚」（靠武力），不能強求（靠霸氣），不能只談條件（靠協商）。求婚（統一）的男方（大陸）必先展現誠意、體貼、耐心，才能使另一方增進瞭解、互信、放心而終至瓜熟蒂落。在追求「協商」過程中，只要女方不出走，男方終有希望；另一方面，女大十八變，也可能另有腹案。因此，北京及時的「大度」出手，才有可能打破僵局。

試以附圖來說明如何贏取台灣民心。

假定目前台灣人民介於「統一」與「獨立」之間各占一半，亦即膠著於「不獨」、「不統」之間，如果大陸想從A點移向B點，亦即這一「邊際替代」是要以減少「獨立」的五個百分點，來增加「統一」五個百分點，有效的辦法，不是目前毫無交集、互不相讓的會談，而是大陸要「大度」出手。所謂大度就是因為大陸本身既大（一個重慶市就有三千萬人口）又強（潛水艇一百多艘），以大事小者要有大度量、大氣魄、大手筆，主動展現善意、彈性、寬容。從這個角度看，「統一」不是談判來的，而是寬容與善意堆砌出來的。

兩岸協商的舊思維認為：「統一」可以靠彼此的對話與協商；新思維認為是：「統一」只有靠大陸「大度」的讓步，才能及時誘發僵局的打破。否則，誰會心甘情願地與一個斤斤計較的吝嗇者長相廝守？再退一萬步說：寧可終身不嫁（維持現狀）也不要冒遇人不淑的風險。

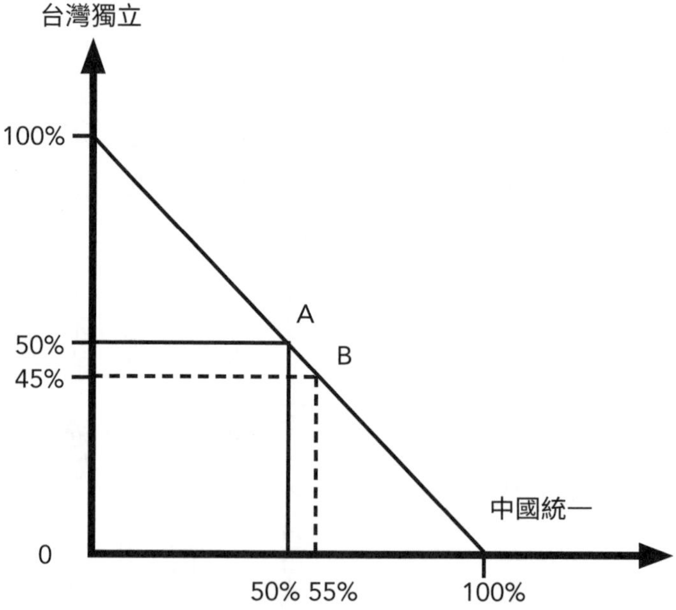

汪道涵先生訪台展「大度」

今年對中共政權是榮辱交集的一年——「建國」五十週年與「六四」十週年。因此江澤民已經說過要特別注意國內外「敵對勢力」的破壞活動，以確保政治、社會安定，但他也在講話中要求：「……堅定信心，抓住機遇，知難而進……」

美國管理大師杜拉克（Peter Drucker）說得好：「不要解決老問題，要全力尋求新機會。」江先生就應當趁汪道涵先生來台會晤抓住機遇，「大度」出手。汪道涵先生可以面對各國媒體。在台北做戲劇性的宣布：在「一個中國，各自表述」，以及台灣不尋求獨立的原則下，江澤民先生：

(1)同意外交休兵，凍結各國對雙方承認的數目。
(2)支持台灣加入聯合國以外的國際專業組織。
(3)提供台商更多投資、貿易、開發大陸市場等方面的各種協助。
(4)樂意尋找適當地點埋置台灣廢料。

(5)樂意接受更多的台灣學生去大陸重點大學就讀。

這些列舉只是「大度」的例子，必須反映北京的包容性及彈性。其中任何一項，本來都要討價還價經年累月之後才可能達成的，現在就大方地送給了台北。

面對北京的「大度」出手，台北當然應當立即以「大愛」回應：

(1)修正戒急用忍。

(2)展開試驗性的三通。

(3)允許引進試驗性的福建勞工。

(4)承認大陸重點大學學籍。

(5)歡迎大陸高層官員來訪。

舉世矚目的歐元發行，證明了歐洲經濟整合的勝利；北京果真肯大度出手，就可以發出統一中國的理性呼喚。

「悲情台灣」與「霸氣中國」

大多數人相信，即使是這樣有限度的相互呼應，也不可能發生。改寫王建煊先生的話：「有大度」走遍天下，「無大愛」寸步難行。兩岸政治人物在各有冠冕堂皇的說詞，不肯放棄內鬥的狀況下，就注定了中國的弔詭——中國人大概不會打中國人，但是中國人大概也不會幫中國人。

最後剩下的一線希望是：當李總統呼喚的「新」台灣人出現時，「悲情台灣」已逐漸進入歷史；江總書記是否也能激發「新」中國人的出現，讓「霸氣中國」早日走進時間隧道？

當有一天「悲情台灣」與「霸氣中國」同時在兩岸消失，兩岸的僵持關係才會有峰迴路轉的可能。且把這個奢望當作二十世紀最後一年的希望。（初稿寫於一九九八年十二月三十一日，北京旅社。）

一九九九年一月六、七日發表於《聯合報》

09

讓兩岸雙贏在千禧相逢
——北京大膽讓步、台北大愛回應

兩岸又繳了白卷

一九九九的關鍵年又過，兩岸關係自李登輝總統於七月九日發表「特殊的國與國關係」後嚴重倒退，大陸海協會會長汪道涵取消來台訪問。十二月八日中共全人代常務委員長李鵬訪日時再宣稱，台灣大選前不恢復對話，雙方繳出的又是令人痛心的白卷。

大膽讓步，大愛回應

一九九九年年底在台北，關心兩岸前途的知識份子能再寫些什麼？我們只能期盼台灣於三月選出新領導人後，台北與北京能即時出現「海峽之春」。我的建議是：

北京大膽讓步
台北大愛回應

所謂「大膽」也只是展現彈性與善意，否則難以打破僵局；所謂「大愛」，也只是「利人也利己」，否則難以自拔。

北京的「大膽讓步」可以包括：

(1)在台灣不獨立、大陸不動武的原則下，積極討論簽訂《五十年和平協定》，並且撤退沿海的飛彈部署。
(2)主動支持台灣加入聯合國以外的國際專業組織。

(3)一個中國原則下，討論「特殊國與國的關係」。
(4)外交休兵，凍結各國對雙方承諾的數目。
(5)宣布恢復汪道涵訪台，展開另一次「辜汪會談」。
面對北京如此的彈性與善意，台北立即以大愛回應，跨進《國家統一綱領》「互信合作」中程階段的門檻。
(1)當雙方同時進入WTO後，立即平等互惠進行三通（台塑集團董事長王永慶去年十一月十九日在台北即曾公開呼籲過）。
(2)在三通原則下，逐步放棄戒急用忍。
(3)試驗性引進福建勞工來台（如一年兩萬名，言明如其中有一名是間諜，立即全數遣返）。
(4)有條件允許大陸廠商來台投資。
(5)歡迎大陸高層來訪。
如果有人認為這是過於天真的建議，那麼，英、德、法等世仇敵國，為什麼能夠在二十世紀結束前建構歐洲共同的繁榮與和平？

台灣付出的代價

美蘇冷戰隨柏林圍牆倒塌已經結束十年；兩岸的冷戰則愈演愈烈。因為兩岸情勢的不穩定，及對岸飛彈的威脅，台灣付出的嚴重代價至少包括了：

(1)**龐大的軍火採購**：近幾年來平均一年要花千億新台幣以上的採購，真是駭人聽聞。一架F16戰機的成本相當於一所小型國立大學的全年預算。一九九九年連續墜毀的三架F16及兩架幻象，總價已近百億新台幣，同時損失了五位優秀的空軍飛行員。

(2)**三通未通的代價**：因各種間接轉運所增加的費用與時間的損失，不僅是經濟的，更是精神的。這種自己所加於自己的成本，已變成一個傷害，不能再坐視。

(3)**交流未能擴大的潛在損失**：改變中國大陸最有效的方式，是透過直接的交流與接觸，加速大陸走向一個開放社會。兩岸之間的學術、文化、新聞、出版品、體育、藝術……交流，受到兩岸關係的倒退不斷頓挫。一個理性的、進步的中國大陸，才是台灣的安全保障。

千禧相逢

追求兩岸雙贏，是雙方領導人的歷史責任。兩岸的對峙與內耗，是雙方領導人對兩岸同胞無法交代的錯誤決策。

連戰副總統強調的「三不」與「三要」（不獨、不統、不對立；要和平、要交流、要雙贏），其中的「不對立」與「要雙贏」，以及最近宣稱：「若當選總統，就職前或後願訪大陸會晤中共領導人」，是否已釋出了台北的期待？連戰同時提出研發長程地對地飛彈，也表達出缺乏互信中自衛的必要。

公元二〇〇〇年，是中國的龍年。不同於一九〇〇年的是，大陸不會再有八國聯軍的入侵；台灣不會再有日本軍閥的殖民。

今天的大陸受到全球重視；今天的台灣受到全球尊敬。

二〇〇〇年更是千禧年。讓北京領導人拋出「大膽讓步」，讓台北的新領導人以「大愛回應」。兩者在千禧相逢，啟動兩岸的雙贏。

二〇〇〇年一月號《遠見》雜誌

10「赴大陸投資是自殺行為」——為什麼李前總統總是錯估大陸經濟？

自設的一廂情願

台灣的命運從來就是與中國的興亡盛衰血脈相連。近五十年來，中華民國的三位總統對大陸一直有他們奇特的堅持：

(1)老總統一直堅持「反」的國策——「反攻大陸」。

(2)經國先生一直堅持「不」的國策——「三不」：不談判、不接觸、不妥協。

⑶李前總統一直堅持「拖」的國策——以「拖」待變。

站在二十一世紀的開端，以「後見之明」來回顧，我們不得不說，老總統活在自設的幻想之中，經國先生活在自設的限制之中，李前總統則活在自設的一廂情願之中。

自殺？雙贏？

中國大陸二十年來改革開放，在沿海地區帶來了驚天動地的發展；尤其上海，以不到十年的時間，不僅恢復了當年上海灘的「嫵媚」，而且使每一位來訪者驚豔於其繁榮。在台灣動盪中，「上海移民」變成了台北人談論的一個話題。

令人遺憾的是，李前總統對大陸的輕視，甚至憎惡，總是溢於言表；剛好與他對日本的偏愛，甚至崇拜，形成令國人難以理解的對比。他不久前接受了日本右翼漫畫家小林善紀的訪談，這些觀點又充分表露在這本漫畫書《台灣論》中。去年十二月在日本上市的這本書，還透露了李前總統「赴大陸投資是自殺行為」

的這個看法。

近十年來李先生對大陸經濟的看法，就從來沒有正確過（正如當年老總統每年判斷中共政權要崩潰一樣）。舉他提過的三個判斷：

⑴九五年前後，大陸經濟兩、三年內即會崩潰。

⑵九七年東南亞金融風暴時，人民幣一定會貶值。

⑶近年來在不同場合斷言大陸股市會大跌，經濟成長會大降，內部會大亂。

事實是，人民幣沒有貶值，台幣卻貶了；大陸的股市去年是全球上漲最高的，台灣股市去年下跌了四四%；大陸經濟成長率去年全球最高八%，台灣則為六%。

一位剛卸任的總統，對台商投資大陸，向日本人做了這種斬釘截鐵的判決，真是情何以堪？他的老朋友許文龍在一月二日說：「我在八年前就寫文章，希望政府開放企業到大陸投資。」

已經在大陸投資的幾萬家台商如統一、台塑、巨大、燦坤、宏碁、英業達、遠東、裕隆……，到底是走上了兩岸經貿交流的雙贏之路，如我們所一直倡導的？還是走上了「自殺之路」，如李前總統所判決的？

兩個鏡片

五年前，在一篇短文中，我提出了六個相關的問題：

- 誰在給大陸人民謀生的技能？
- 誰在挑選大陸青年，教他們管理的本領？
- 誰在改變大陸鐵飯碗及大鍋飯心態？
- 誰在大陸提供較好的工資與較多工作機會？
- 誰在現場示範較好的生產方式及市場競爭？
- 誰在向大陸幹部說明台灣中小企業的活力與優越？

文中指出，那就是散布在大陸各地的台商。他們是沒有聲音、沒有受到政府照顧，卻受到政治打壓與冷嘲熱諷的一群。

在西方國家，卸任的元首通常就在政壇消失，最多會是一個偶然出現的公益人（義工）。讓國內外媒體尊重李前總統卸職前一再說的，他要做原住民及教會的義工！

為什麼一位康乃爾大學的農經博士，總是看不準大陸經濟的發展？答案是，當他右眼戴上了日本軍國思想的鏡片，左眼戴上了台灣獨立的鏡片，在這兩個強烈的意識型態焦距中，所看到的大陸經濟，當然會是失實與變形的。

二〇〇一年二月號《遠見》雜誌

第二部

李登輝總統執政

（一九八八～二〇〇〇）

只有兩岸出現大格局的領導人，才能化危機為轉機。明年三月台灣的總統選舉提供了一個轉捩點。擁有大格局的領導人，不靠權謀求獨立，不靠武力求統一；不做亂世之梟雄，不做戰爭之英雄。

在台灣這一邊，擁有大格局氣魄的領導者，必須先要擁有沉穩、包容、理性、大愛、看得遠、算得準的性格與經歷。

過去十餘年來的台灣惡質選舉，已經產生了一些好鬥、愛作秀、高亢激動、自我標榜的政治人物。千萬不要在劣幣可能驅逐良幣的選舉文化中，讓冷靜的、有所不為的、怯於表演的、擁有大格局思考的人退縮。領導人要得到人民尊敬，必先具有能使人民尊敬的領導風格。

11 為中國統一尋找起點

中華民國政府今天所面臨的各種問題中，以「三民主義統一中國」最為重要，也最難落實。本文就學術文化交流、貿易交流與台灣經驗移植三方面，提出剴切具體的建議，期為自由與民主的中國統一政策尋找起點。

經國先生對國家一項深遠的貢獻，因其逝世而更獲肯定：那就是民主政治制度已經在運作，人民成熟的政治理念已經在發揮。

運作中的民主政治與人民的成熟理念，正是台灣肆應變局中的最珍貴資產。它帶給我們前所未有的自信，也帶給我們前所未有的責任。自信使我們敢做新的嘗試，責任逼我們必須做新的突破。

在我們國家今天所面臨的各種問題中，以「三民主義統一中國」最為重要，也最難落實。「中國」是海峽兩岸中國人的中國。一方面，沒有民主、自由、法治、進步的台灣，就不會有民主、自由、法治、進步的中國；另一方面，沒有統一的中國，就會有台灣分裂的危機。

多談「問題」與「經驗」

中國統一是中國人共同的願望，但「如何」統一變成了解不開的結。北平提議「一國兩制」，台北當然反對；台北提議放棄「四個堅持」、回歸三民主義，北平也當然反對。但是，對全體中國人來說，比較了三十多年海峽兩岸發展的成果，證明三民主義之下的中國，確確實實優於共產主義之下的中國。

要解開這個中國結，雙方必須少談政治面的「主義」與「堅持」，多談非政治面的「問題」與「經驗」。

做為關心中國前途的知識份子，我們願意響應俞院長倡導的「把民意轉化為推動政府施政的動力」，提出學術與經濟層面的建議，以和平與互尊的方式移植「台灣經驗」，來協助大陸同胞解決他們的問題。

學術與文化交流

我們在下面所提出的建議，包括學術交流與文化交流、貿易交流與台灣經驗移植。這些建議的前提是：我們在台灣已有信心來做新的嘗試，也有責任來做新的突破。時機稍縱即逝，不容我們再等待；而決策的延誤就如同決策的錯誤一樣地可怕。

我們對落實大陸政策的基本看法是：把已經半公開在做的，要公開化；已經間接在做的，要直接化；尚未做而應當做的，要行動化。

在學術與文化交流方面，我們建議：

(1)在國外訪問的大陸學人與留學的大陸學生可以來台短期訪問；在國外留

學的台灣留學生也可以去大陸短期訪問。

⑵大陸的學者可以來台北參加學術會議；台灣的學者也可以去大陸參加學術會議。

⑶學術性的資料（如論文、期刊、專門書籍）經政府核定後，雙方可直接交換。

⑷目前去大陸探親的規定應放寬為觀光。除軍警憲本人以外，他們的眷屬和其他性質的公務員（如大學教授）均可去大陸探親或觀光；同時也應准許大陸同胞來台探親及觀光。執政黨已於日前公布其黨工人員大陸探親辦法，也正走向更開放的方向。

⑸雙方應即展開體育（各種競賽）、文化（如畫展、音樂會）等交流。

⑹雙方的學術機構（如研究所）也可交換短期的訪問學者，甚至建立大學部的交換學生，如台大與北大每年交換若干名學生。

上述各種建議，我們政府均可以漸進方式，訂定每年或每次入境人數及留台時間。

台灣經濟是以貿易為導向，但是，近年來，我們的對外貿易正面臨日益升高的貿易摩擦，其中尤以出口集中於美國市場而遭到空前的壓力。正確的因應之道，不外乎分散外銷市場與提高國內需求。

台灣是中國的一部分，大陸亦是中國的一部分，所以，為提高國內需求，絕對不應棄十億多人口的大陸市場於不顧。尤其不應該將此廣大的國內市場拱手讓與國際競爭對手。

推動經濟國際化的目的，是要使我們的業者能以整個世界為採購、投資與行銷的對象，以降低生產成本，賺取最佳利潤。現在，我們到處尋覓原料，卻不得採購品質佳、價格廉、運程近的若干大陸特產；我們正發展對外投資，卻不能到語言、文化完全相同但工資遠為低廉的大陸地區設廠。

顯然可見，我們還未達成經濟「國內化」就侈言經濟國際化。豈不有些像似國父所說故事中的苦力，未領到獎金以前，就丟掉藏有獎券的扁擔？

數月以前，先是蛋農因雞蛋生產過剩，「處決」了百萬隻母雞；後是果農因果價大跌而自力救濟。假若兩岸相互貿易，過剩的雞蛋與亞熱帶特色的水果，正可彌補大陸市場之不足。

貿易交流

因此，推動兩岸經貿關係，不僅實現經濟登陸以提高大陸同胞生活水準，進而改變其思想意識及制度，而且可從多方面解決我們本身的經濟問題。但在很多問題沒有解決以前，直接貿易尚不適宜，現階段仍以轉口貿易為限，但須大幅放寬。

首先是對於轉口貿易來台的物品，不必再挑剔其原產地證明書。也就是明知其為大陸物品，亦不予追究。

其次，鼓勵業者在香港等地設立公司，直接經營轉口貿易。

第三，經濟部對於處理貿易的三原則之一——「廠商不得與中共機構或人員接觸」——應予取消，因為開放大陸探親後，此一原則事實上已不發生拘束力。

第四，對於有關法律應予修正，譬如《懲治叛亂條例》第四條第四項「為叛徒購辦運輸或製造軍械彈藥，或其他供使用物資」就至少要刪除「或其他供使用物資」等字，以免業者觸法。

最後，台灣區各貿易公會，或可對大陸之出口與進口，設定上限，不容業者踰越，以免百吉發機車事件重演。

在此同時，政府應該容許我們的工商團體與大陸的個體經濟單位組織接觸，雙方以民間身分來往，彼此交換工商資料，以進行下一階段行動之準備。然後，代表雙方業者訂立各種有關協議，以保障經貿過程中的業者權益，並且彼此成立辦事處，協助雙方直接貿易與投資事宜。

假若這一點還做不到，有關當局就應及早設立自由貿易特區（包括港口與機場），在此特區內和大陸進行直接貿易，再尋思擴大兩岸經貿關係之良策。

五十億美元移植「台灣經驗」

為了消除大陸同胞被灌輸的共產主義，使其於潛移默化之中接受民主、自由、和平的理念，我們應以各種方式移植「台灣經驗」與大陸同胞分享。具體而易產生實效的辦法是經由預算程序，政府提供五十億美元外匯存底，做為「台灣經驗」之移植，以其孳息在大陸上推展各種活動。如年息八厘，一年有四億美元，相當於一年一百餘億新台幣，透過另外設立之民間財團法人予以統籌運用。

「台灣經驗」在大陸之移植可以包括：

(1)**設立學術講座**：即在大陸重要大學設立孫中山文化講座、蔣中正歷史講座、蔣經國經濟講座、三民主義講座等，由中外有學術地位之學者擔任。

(2)**在大陸設立台灣經濟研究獎金**：獎助大陸碩士及博士研究生以撰寫有關台灣經濟發展的論文為對象，使大陸知識份子有更多的機會瞭解台灣經濟發展成功的原因。

(3)**設立海峽兩岸學術交流補助金**：資助台灣的學者去大陸，及大陸的學者來台灣，從事各種學術研究。

(4)**資助台灣與大陸學術機構合辦的學術性研討會**。

(5)**設立大陸留學生（在美加等地）暑期補助金**：補助他們暑期從事研究或寫作，不需以打工等方式賺錢而浪費時間。

(6)**將中國人權協會工作擴展到大陸**：在大陸主要城市設立分會，爭取應有的人權

(7)**設立中小企業經營諮詢會**：由資深及剛退休之專家擔任，移植台灣經驗。

(8)**提供農業技術援助**：協助大陸廣大農村改善其農業生活、運銷等。

以上每一項目的推展，都可由民間負責，透過新設立的機構就每一項成立一個委員會，負責執行工作。每進行一年，就需要檢討一次，以俾改進工作。推行每一項工作所需經費，由基金的孳息支付。

主動操之在我

未來的中國，必然是要在自由、民主、富裕的基礎上和平統一。要想達成此目的，台灣海峽兩岸的中國人，思想意識必須認同而非疏離，生活水準趨近而非

過度懸殊。中共經濟體制改革，在意識上已漸認同以民生為基礎的三民主義，經由上述各種交流的展開，我們相信更容易為和平的中國統一奠基。

上述各種建議，建築在「政經分離」、「政學（術）分離」以及「官（方）民（間）分離」的認知上，而且主動操之在我。進行順利，可以擴大；不順利，可以再修改調整。

這些建議對在台灣的國人而言，是反映我們的自信，以及由自信而衍生大陸政策的突破，對在大陸的同胞而言，是反映我們對他們實質的關懷，由關懷而把「台灣經濟」移植在大陸；對國際上而言，中華民國終於跳越了自設的藩籬，以前所未有的積極做法，為自由與民主的中國統一尋找起點。

一九八八年四月號《遠見》雜誌

編按：本文由高希均教授與于宗先、侯家駒兩位教授聯合發表。

12 中國是中國人的中國

無論哪一個黨執政，
都必須滿足人民的願望，
把國家的利益放在黨的利益前面，
讓中國確實成為中國人的中國。

對中共，不應有「浪漫的憧憬」；對中國，則應有歷史的責任。這個責任就是要把中共的中國轉化成中國人的中國。

不屬於任何一個黨派

中國不屬於共產黨，也不屬於國民黨；正如美國不屬於民主黨，也不屬於共和黨。中國是屬於中國人的，正如美國是屬於美國人的。任何政黨仍然要把「黨」與「國」畫上等號，視為一體，那是遲早會被時代潮流所沖毀的落伍觀念。

民國成立以來由於一直缺乏推行民主政治的環境，「民主」從未在中國的土壤上生根。在列强凌辱、烽火遍地下，知識份子對民主思潮的鼓吹，只能激起一些浪花。世界上人口最多的中國及善良的中國人民，幾乎沒有選擇地只能生活在國民黨與共產黨的治理之下。

經濟比賽已經有了輸贏

不幸中的大幸是：這兩種不同方式的治理，經過四十年的實驗，產生了世人共知的截然不同的結果。

由於這一實驗產生了這樣顯著的差異，因此，筆者近年來認為：從中國的利益，而不是從「黨」的利益出發，海峽兩岸仇視性的「競爭」應當宣告終結。代之而起的應當是和平性的競爭與互補性的合作。

超越在前的台灣，應當站在中國人的立場，來幫助落在後面的大陸。對大陸，再誇耀台灣的經濟成就已經沒有意義。經濟上的競賽已經有了輸贏，台灣要追趕的是日本與歐美國家。

歷史的責任

今天海內外中國人所面對的一個活生生的事實是：當前的中國大陸是在中共統治下的；在「四個堅持」下，中國變成了不折不扣的共產中國。這一事實也許會得到四千多萬共產黨員的支持，但大陸上另外十億中國人民，台灣近二千萬中國人，以及海外數千萬中國人，是想極力改變的。

要推翻一個政權，在沒有民主的政治體制下，幾乎都靠流血的革命。在大陸的現況下，雖然因為政策錯誤或權力鬥爭，黨內的領導班子時常更換，但看不出共產黨本身會有被推翻的可能。因此，只有另一個可能的途徑——和平的轉變。

要以和平方式來轉變一個政黨的教條、意識型態、組織結構、政策綱領，即使在歐美國家也難；要轉變共產黨當然是難上加難。但近年來戈巴契夫（Mikhail Gorbachev）在蘇聯英雄式的重大改革、鄧小平在大陸勇敢的經濟改革，以及南斯拉夫、匈牙利、波蘭前仆後繼的改革，卻初步證明「和平的轉變」不是一條毫無希望的死胡同。

在蘇聯及大陸，領導階層是在改革中。其改革的動機顯然是來自人民的要求與外在的壓力。歐美國家正在熱烈辯論：他們應否以更多的資本、技術、貿易、貸款來幫助戈巴契夫的「開放」與「重整」。

面對中共，歷史的責任對國民黨而言，就是在目前無法取代大陸共產黨政權情況下，要匯集海內外一切力量，來轉化共產黨的政策，使中國有一天能變成中國人的中國。只有到那一天，國民黨才能減少它對大陸人民的虧欠。

中國人的願望

要讓中國成為真正屬於中國人的中國，不論哪一個黨執政，都必須要滿足中國人的願望。在貧窮、落後、懦弱、專制的歷史枷鎖下，中國人的願望就是要：

- 在法治與人權保障下，人民享有投票、言論、遷移等自由，不再有政治迫害的恐懼。
- 在市場運作與中產階級形成下，人民不再有貧窮的恐懼。
- 在重視專才及提高教育水平下，人民不再有愚昧的恐懼。
- 在重視個人意願及家庭倫理下，人民不再有被鬥爭的恐懼。
- 在足夠（不是過多）的國防力量下，人民不再有被列強欺凌的恐懼。

我們能做的

在台灣及海外地區的中國人應當做的，就是透過各種方式，讓這些中國人的願望逐步成真。

在當前海峽兩岸仍然對峙，而又有一些解凍跡象時，筆者認為政府該立即允許的、民間可以做的，應當包括：

- 擴大探親範圍，進一步允許觀光，包括一般性公務員如教師、教授等。也應當有選擇性地准許大陸人民來台短期訪問。
- 不僅允許台灣的專家學者去大陸參加學術會議，也應當允許大陸的專家學者來台開會。
- 文化交流與學術交流（如體育、音樂、藝術、學術著作交換等）宜加快進行。台大學生要在香港與大陸的大學生敘談，不應阻止
- 允許雙方資深記者與編輯相互採訪、報導。

- 貿易與投資，在廠商充分瞭解其自身風險下，不宜過多限制。
- 透過民間基金會資助，向大陸的大學及圖書館提供低價、甚至免費的書籍、雜誌、錄音帶等，讓大陸人民瞭解「台灣經驗」。

經過一段時間的實施，上面這些措施如果產生積極效果，可以再進一步考慮低利貸款、技術協助、農村改革、建立共同市場等建議。

在可預見的將來，北平仍不會放棄「四個堅持」，台北也不會放棄「三民主義統一中國」。做為一個中國人，不願意看到永遠分裂的中國。只希望當雙方仍然堅持各自政治立場時，能夠把中國人民的利益放在黨的利益之上，讓雙方的民間交流能持續而擴大，逐漸縮短各種差距，特別是相互認知上的差距。

一九八八年十二月號《遠見》雜誌

13 國民黨應去大陸投資

——一個歷史性立功的機會

所謂「三民主義統一中國」，不是一種軍事的行動，而是一種理念的傳播。在目前各種考慮下，只有靠民間以及透過間接的方式，如探親、觀光、文化活動、學術交往、貿易與投資等來落實。

承擔新挑戰

在中國歷史巨流中，朝代就在合久必分、分久必合的循環中更換·，在近代權力鬥爭中，昨日之友可能是今日之敵，今日之敵又可能是明日之友。在這一世紀烽火連綿與黨爭不斷下，中國人民就沒有過安寧的日子，中國也就沒有在國際上被尊重過。

做為一個中國人，一個中國的知識份子，只有強烈地向共產黨呼籲：面對當前世界潮流，盡快放棄「四個堅持」；同時也向國民黨呼籲：盡早放棄「三不」。雙方都要把全體中國人民的利益與中華民族的前途放在「黨爭」之上。

如果「理性」的調適，當前難以產生，那麼兩岸的疑慮，也許只有靠「時間」來減少。當中共老一代的領導班子過世後，中共也許就無法阻擋共產制度的沒落。好幾位東西方世界的領袖都預測：在三、四年內，中國大陸勢必發生驚天動地的改革。

當天安門浩劫發生時，當「自由女神」的補給引發各種顧慮時，使一般人民再度深切地瞭解：所謂「三民主義統一中國」，不是一種軍事的行動，而是一種理念的傳播。在目前各種考慮下，只有靠民間以及透過間接的方式如探親、觀光、文化活動、學術交往、貿易與投資等來落實。

基於這種認知，在本文中，我要建議國民黨本身在承受「王永慶震撼」之時，應當勇敢地承擔一個新挑戰：自己以間接方式，去大陸投資。

六點理由

做為一個執政黨的國民黨，對大陸的落後與貧窮不能無動於衷，對共產本質的和平轉變必須加速催化。

大陸是在國民黨人手中丟的，國民黨領導的政府四十年來一直說要「拯救大陸同胞」，當事實一再證明無法以軍事力量來兌現時，現在終於出現了絕佳的機會：可以透過投資、貿易、交流的和平方式來「轉變大陸」，國民黨自己怎可不把握住這種機會來率先示範？由於國民黨的間接投資一定會遵守政府規定的原則（如不從事高科技投資），所以可以立刻採取行動。

我提出這個建議並不危言聳聽，而是基於六點理由：

(1)**沒有違反政府規定**：國民黨是民間團體，透過間接方式，與大陸貿易或去大陸投資，是政府允許的。國民黨可依其黨營事業的經驗，在大陸樹立起投資金額、項目、地點及投資條件等規範。

(2)**國民黨擁有雄厚的資金**：例如目前正在籌設新銀行的開辦，何不把這筆巨額資金投向大陸？在台灣開銀行不一定獲利，還會引起「與民爭利」的批評。到大陸投資，如果經營良好，既可獲利，也可得民心；如果虧損，那就是「學習成本」，正可以向台灣廠商提供第一手經驗，減少去大陸投資的一窩蜂。此外，國民黨投資的事業常常不以營利為目的，去大陸投資也發揮了非經濟功能。

(3)**國民黨更擁有眾多的人才**：一批參與台灣經建的功臣如李國鼎、蔣彥士、趙耀東等均可辭去「資政」、「國策顧問」等頭銜，擔任國民黨投資事業的顧問，或在適當的安排下，對大陸提供最珍貴的技術指導。此外，退輔會投資事業中，也有很多幹部可供調用，這不正就是政府所倡導的「三民主義統一中國」的一個方式嗎？

(4)**有計畫的投資**：大多數的「台商」在大陸經濟特區的投資，都是小本經營，游擊式地散處各地，帶去陳舊的機器，以吝嗇性的方式在管理，以撈一筆的心態去設廠，從事勞力密集產品的生產（參閱一九九〇年四月號《遠見》雜誌）。縱使這種經營方式，已經使大陸勞工大開眼界，懷羨慕之情，但這絕不是台灣所能提供的「最佳樣板」。

國民黨正可以其資金與人才，有計畫地選擇地區（如海南島、廈門、珠海、盧溝橋特區……），訂定小規模與大規模投資計畫，初期當然以勞力密集、附加價值低的產業為主，如果中共政權變質，經濟開放擴大，再推展大規模的投資計畫。

(5)**國民黨的投資事業以完全正派的方式經營：**支付合理的工資、規定合理的工時、提供合理的工作環境，同時要求合理的工作效率。大陸勞工不僅得到較好的工作待遇，也得到了應有的尊重，這才是市場經濟所能提供的最佳例子。

(6)**取得對方讓步：**目前個別分散式的投資，無法將民間資金、技術、管理、市場等因素凝聚，變成與中共談判的一個籌碼，如要求其加速實行私有財產制。

透過國民黨的投資事業，可與中共當局商談籌設「台商投資區」的投資條件（一如王永慶的「九〇一」專案）與其他改革。經過雙方簽約後，要去大陸投資的「台商」均可享受同等待遇，既增加安全性，也省卻個別簽約的繁瑣。

減少虧欠

農委會主任委員余玉賢極有創意地提出，以民間方式協助大陸人民改善其農業。政大校長張京育也呼籲政府應成立專責機構，對大陸中小私人企業予以協助，讓他們來對抗中共公營事業。二位的提議正吻合這一構想。

最近，執政黨中央財務委員會主委徐立德接受《經濟日報》專訪時曾指出：經營黨營事業不能故步自封，迷戀過去。對社會需要的事業，即將合理、合法參與投資。這一前瞻性的看法，也正符合本文的提議。

當流亡海外的猶太人民相互勉勵「所有的猶太人對彼此有責任」時，我們要特別提醒在台灣的國民黨人：你們對大陸人民負有最多的責任，去大陸做有計畫的投資，正是減少四十年來內心虧欠的第一步。

一九九〇年五月號《遠見》雜誌

14「台灣情」知己，「中國心」知彼

當前海峽兩岸的關係陷入微妙的僵持。
在這場比蝸牛更慢的互動中，
台灣既不要幻想中共所不能接受的獨立，
也不要倡議時間、方式、條件均未成熟的統一。

應有的審慎

行政院長郝柏村在立法院以及最近的公開演講中強調：「政府與民間要以深

厚的台灣情來建設家園，以恢弘的中國心來轉變大陸。」

在《國家統一綱領》已由李總統核定，即將透過行政院變成大陸政策最高指導原則之日；在《動員戡亂時期臨時條款》於五月上旬即將廢止之時，郝院長適時提出的「台灣情」與「中國心」，有他的重要涵義。

當前海峽兩岸的關係陷入微妙的僵持。枝枝節節的「改善」可能會有，突破性的發展較不可能。在這場比蝸牛更慢的互動中，目前台灣最審慎的態度是，既不要自己幻想中共所不能接受的獨立，也不要倡議時間、方式、條件均未成熟的統一。在這一段僵持的時期中，台灣所應做的就是：

- 全力建設台灣，以「台灣情」來推動「六年國建」。
- 和平轉變大陸，以「中國心」來支持《國家統一綱領》。

以「台灣情」知己

以深厚的「台灣情」知己，才能建設家園；以恢宏的「中國心」知彼，才能轉變大陸。

天下文化出版公司出版的《台灣經驗四十年》與《中國統計大全》，正好是此一時期有助於知己知彼的二本書。

與李誠教授合編《台灣經驗四十年》的緣起，是在一九八八年的六月。那是我離開中國大陸三十九年以後，第一次回到那片土地。在北京的停留中，與北大、清華及社會科學院的經濟學家聚晤時，他們都對台灣經濟發展的過程表示高度的興趣。他們希望有一天能看到一本討論這個題目的論著。

鄧小平在那時說：「如果現在不全面搞好物價和工資改革，不理順關係，要在下個世紀五十年內，達到人均（每人平均）國民收入四千美元的水平就困難。」

六十年後北京想達到的生活水準，五年前台北就已達到。同是中國人，為什麼會有這麼重大的差距？

阻礙大陸改革的一個關鍵因素，就是那些握有實權、享有特權的人的反對。二千七百萬國家幹部，肯接受市場功能的調節而減少裁決權力嗎？四千八百萬共產黨員，肯放棄既得利益、面對公平競爭嗎？八千六百萬國家職工，肯打破大鍋飯的保障、認真工作嗎？這就是一些大陸留美學生所指出的「二、四、八」問題。

鄧小平曾一清二楚地指出：「改革是件要冒很大風險的事。」要減少風險，就要吸取其他地區的成功經驗。在大陸的北京、上海、廣州、廈門、深圳等地的多次公開演講與私下談話中，我反覆地說：要縮短六十年所得差距，台灣經驗是值得吸取的。

要如何才能有系統地把「台灣經驗」寫得透澈實用呢？

負責主編《台灣經驗四十年》的李誠與我，很幸運地得到了其他十二位學者與專家的熱烈參與。他們是于宗先、王作榮、余玉賢、汪彝定、施建生、徐育珠、侯家駒、彭作奎、葉萬安、趙耀東、劉克智、薛琦。

討論台灣發展經驗的中英文論著不少，包括李國鼎先生於一九八八年，由美國耶魯大學出版的《台灣發展成功背後的政策演進》（*The Evolution of Policy Behind Taiwan's Development Success.*）。我們這本中文論文集的最大特色是為中國人寫的，特別是為在大陸的中國人寫的，因此每篇論文特別著重於今後大陸經濟改革的可能借鏡。

「台灣經驗」包括了提高農業部門生產力來支持工業發展、擴大私有財產來提高工作誘因、創設加工區來增加就業機會、建立市場體系來減少管制扭曲、減少國營事業來鼓勵私人企業、增加教育投資來改善人力素質、追求物價穩定來減少人民恐懼。

台灣在這一發展過程中，大體來說，政府部門沒有犯大多數開發中國家所犯的嚴重錯誤：如好大喜功的炫耀式建設、犧牲農業優先發展重工業、持續擴大政府的干預、強調表面的公平、犧牲真實的效率、技術官僚的財經建議不受重視。

當中國大陸有一天決定走向市場經濟時，台灣的發展經驗——從土地改革、中小企業到財政政策、貿易政策，實在是最值得探討的。大陸沿海經濟特區的設立，正是擴大「台灣經驗」的一個重要過程。

「台灣經驗」也有其負面的後果，如犧牲環境品質、輕視社會成本、容忍特權與壟斷、缺少社會紀律與現代法令規章。這是中國大陸應當要避免的。

中國人的民族性是一樣的。只要有一天大陸能出現市場經濟制度，並且吸收相關的「台灣經驗」，貧窮的中國可以不貧窮，落後的中國可以不落後。

以「中國心」知彼

海峽兩岸隔絕四十年之後，我一直認為「通心」比通商、通郵、通航來得更迫切、更少爭論。用文字做媒介來通心，才易逐漸解開彼此的心結，重聚民族的感情，培養中國人的共識。

出版《中國統計大全》，就是在這一觀念下的嘗試。

這本《中國統計大全》是由大陸上的中國統計學會會長岳靈主編，中央統計局中的專家擔任撰稿。統計資料在時間上涵蓋了一九四九～一九八八（及部分一九八九年）；取材上包括了十三個部門，從綜合經濟、工業、能源和資源，到對外經濟、財政、金融以及科學技術，並由中國統計信息諮詢服務中心編輯。

任何一本統計資料，尤其是來自不同的經濟體制，資料的可靠性不容易鑑定，資料的代表性不容易周延，資料的解釋與演繹也不容易客觀。

一九七八年前的資料，缺乏完整的時間序列，某個圖表中只有不連貫的年份數字。一九七八年以後的資料較為齊全，但有些圖表仍然不規則地出現某些年份。

儘管這本《中國統計大全》有它的缺憾，對從事社會科學研究的人來說，《中國統計大全》仍然提供了很多重要的資料：各種產業的比例、沿海開放地區的主要社會經濟指標、對外經濟往來、大中小型企業經濟效益、物價、工資、生活費用等指數；人造衛星、國家重大科技成果、財政收支、國防費用、政府補貼、科技撥款、國際旅遊人數等。

一本厚達四二六頁的《中國統計大全》是值得長時間查閱與保留的。因此，我們對紙張、設計與印刷力求講究。事實上，當這本《中國統計大全》在香港、東京與台北同步出版時，對中國大陸最關心的台灣讀者，有權利要求這本書編印得精緻，與國際出版水準並駕齊驅。

自信與自省

《台灣經驗四十年》不久也將在大陸出版，《中國統計大全》則已在台北問世。我希望兩岸的讀者都能以平常心來看這二本書：既不要刻意排斥，也不要盲目信服。

以「台灣情」來讀《台灣經驗四十年》，我們會得到自信；以「中國心」來讀《中國統計大全》，我們會得到反省。一個有自信、肯自省的民族，再也不會受人輕視。

一九九一年四月號《遠見》雜誌

15

兩岸關係中台灣的善意

——互尊、交流、競爭

小小的台灣能嘗試主導中國的統一，有它的勇氣，也有它的風險。在勇氣與風險之中，台灣的大陸政策應當從和平的互尊，提升到雙方交流，進而再從良性競爭，擴展到大陸內部的質變。

推向民主、進步、交流

九〇年代是中華民國在台灣生存與發展的關鍵年代。在台灣本身的發展上，一面有脫胎換骨的雄心，另一面又有「不確定感」的陰影；在大陸問題上，一面想突破兩岸的僵持關係，一面又恐懼中共當局「和戰兩手」的策略；在國際舞台上，一面我們有足夠的經貿實力，受人重視，一面又陷入與我國有邦交國家的數目愈來愈少的窘境。

如果這裡二千萬人民，具有強烈的共識與使命感，則一切「不可能」都可以變成「可能」，正如四十年台灣經驗所顯示。如果在多元化的發展過程中，各持己見、各懷鬼胎，則一切「可能」都可以變成「不可能」，正如近三年來的動盪不安所證明。

值得振奮的是，在充滿不確定感的年月中，領導階層勇敢而堅定地做了幾件大事：

- 李總統宣布《動員戡亂時期臨時條款》於五月一日廢止，並公布國大臨時會所通過的憲法增修條款。
- 《國家統一綱領》已由國家統一委員會於二月通過。

- 「國家建設六年計畫」已由行政院院會於一月通過。
- 海基會已於四月底去大陸建立了溝通管道。

這些大事的綜合效果是，推動中華民國走上一個政治民主、社會進步、兩岸交流的大方向。

善意回應下的交流

從長期來看，最能影響台灣人民福祉的變數，當然是海峽兩岸的互動關係。「動員戡亂時期」的終止，表示了台灣片面地宣布了內戰的結束，願意與大陸以和平方式互尊、交流與競爭。

在當前以美國為首所建立的「新世界秩序」中，布希總統（George H. W. Bush）於四月所宣示的四大原則之第一條即是：以和平方式解決爭端。海峽兩岸歷經四十年的武力敵對，也終於將以新成立的海基會做為雙方正式溝通的橋梁。如果台灣不宣布獨立，中共就沒有用武的藉口。「和平互尊」將是兩岸中國人相互交往的新模式。

這篇短文將就兩岸互尊——交流——競爭的過程做進一步的討論。「和平互尊」的前提是不以武力解決爭端。在這一前提下，大陸的善意回應，決定了兩岸的交流範圍、速度與性質。大陸可做的善意回應甚多，如：

- 不否定台灣為政治實體
- 推動經濟改革
- 逐步開放輿論
- 實行民主政治
- 國際間相互尊重

當大陸有善意回應的跡象或事實時，台灣就可斟酌情勢，擴大交流——由民間而官方；由間接而直接；由單向而雙向；由片面而全面。

在擴大的交流中，雙方就產生了二種重要的互動關係：

(1)協助：台灣可以提供貸款、援助、技術、管理等。

(2)合作：雙方可在投資、貿易、研究與共同開發資源及經濟特區上互利。

正如國統會委員之一的李遠哲教授所說：「在下個世紀，人類總會走在一起。大陸最迫切的問題是落後的改善。」大陸只要有善意，這種雙方有利的交流就有助於落後的改善。

競爭與演變

在交流之中，就必然產生競爭與演變。當雙方不能以武力解決爭端時，全體中國人民就有權利來裁決哪一種制度、哪一種生活方式、哪一種實際成果，最符合大多數人民的長期利益。

這種競爭性就會迫使兩邊的政府，不得不為人民謀取持久的福祉。在當前世界潮流中，一個受人民擁護的政權、一個受人民支持的政府，勢必要符合人民共同的要求：政治民主、經濟繁榮、社會安定、生活小康、教育普及、信仰自由。

讓兩岸中國人以這些具體的指標來督促政府、來評估政府。

以這些指標來看大陸，大陸是不及格的。唯有透過與台灣的實際比較、善意示範與良性競爭，大陸才容易產生一種巨大的、內在的改變力量。目前在海外的一些著名大陸知識份子，如方勵之教授，大都認為這種方式的和平競爭與和平演變，是影響中共政策的一個「可能」途徑。

勇氣與風險

近月來政府能主動地宣布《國家統一綱領》、終止動員戡亂時期，以及設立海基會做為兩岸交流的橋梁，充分表達了台灣的善意。

小小的台灣今天能嘗試主導中國的統一，有它的勇氣，也有它的風險。內在的風險是，當執政黨倡導統一時，反對人士就以「出賣台灣」來威脅，造成台灣本身「統獨」的嚴重爭論；外在的風險是鄧小平最近還在說：「……告訴他們『兩個中國』、『一中一台』、『和平演變』、『台獨』等都是行不通的死路一條，只有走『一國兩制』的路才是光明大道。」

減少內在的風險，不是不談統一，而是不祕密地、不一廂情願地談統一。就如郝院長所一再強調：「為了二千萬人民的福祉，大陸政策沒有、也不會有黑盒子作業。」減少外在的風險，就如李總統在四月三十日的記者會上所指出：「……就是要等、要忍耐，等到有善意的回應。……我們下任誰來做總統不知道，可能還會繼續等。十年、二十年都可以等。」

在等待之中，國統會委員陶百川先生則認為：「溝通不通，三通無門。」因此，他建議由總統府資政陳立夫與李璜二人出面，先與中共進行溝通。

當前兩岸剪不斷、理還亂的關係是：

- 在經濟上是「一國兩制」。
- 在政治上是「一國兩府」。
- 在地理上是「一國兩區」。
- 在文化上是「一個中國」。

• 在交流上，快怕上當，慢怕失良機。

我個人的看法是：台灣的大陸政策應當是：從和平的互尊，提升到雙方交流，進而再從良性競爭，擴展到大陸內部的質變。

一九九一年五月號《遠見》雜誌

16

冷靜，但不冷酷

——邀請大陸人士來台「觀察」開會

處理兩岸關係時，
要冷靜，但不冷酷；要自衛，但不自私！

台灣真想轉變大陸嗎？

四天前在香港參加了中文大學主辦的「當前大陸、台灣與香港經濟與管理問題研討會」。中鋼顧問趙耀東與中研院經濟院士顧應昌也分別出席。他們二位當然變成了整個會議中的巨星與討論過程中的焦點。

趙先生已經二十年沒有到過香港，顧教授則坐了二十多個小時飛機從美國趕去。他們的目的只有一個：與來自大陸的十多位學者無拘無束地暢論自由經濟與管理經驗。

當我目擊這場熱烈的「腦力激盪」之後，終不免感慨萬千地要問：為什麼這種觀念的激盪還不能在台北發生？

台灣真想轉變大陸嗎？連香港人都不免懷疑？

邀請對岸經濟界人士來台觀察

這真是我昨天在全國經濟會議第一階段「大陸經貿」組中建議的背景。我的建議是：在法令許可內，邀請大陸從事經革以及研究經革的非共產黨人士，以觀察員身分來台列席明年三月的全國經濟會議。

這個提議的理由是簡單清楚的：

(1)讓大陸人士親身體認「台灣經驗」中的經濟成就。

(2)從開會中官方與民間熱烈的發言與爭辯，讓他們體認到開放社會中的活力與多元。

(3)從這種親身的經歷中，讓他們變成推動市場經濟的見證人。

關鍵在於肯多用心！

在香港的中華旅行社負責人黎昌意語重心長地說：香港沒有三民主義，沒有《國家統一綱領》，香港人以投資與貿易兩項無形的力量，把廣東變成了大陸最開放的一省。在台灣的中國人，能把對岸同文、同種、同方言的福建省，變成大陸另一個開放的省份嗎？

關鍵不在於我們多細心！而在於我們主管官員肯多用心！如果不肯用心，引用法律上的一項條款就可擋住這類邀請，如果肯用心突破，那麼記者既已來台參觀在先，為什麼不能邀請專家學者來台「觀察」開會於後？

正如我在昨天會場中的發言：處理兩岸關係時，要冷靜，但不冷酷；要自衛，但不自私！

一九九一年十二月十一日發表於《經濟日報》

17 和平、轉變、救中國

——期望於中共領導人

期望中共領導人：不要再浪費時間控制意識型態，不要再浪費時間抵抗和平演進。

大陸上有太多的歷史古蹟與名山大川沒有去過，在去過的幾個地方中，使我感觸最深的是：西湖邊的岳飛墓、鼓浪嶼上的鄭成功練兵之所，及翠亨村的國父故居。

在國父故居的二樓，牆上記載著一代偉人臨終前，以斷續、微弱的聲音吐出的最後幾個字：「和平……奮鬥……救中國」。

那是民國十四年三月十二日上午九點二十分。

那時的中國在貧窮、專制、軍閥割據與列強欺凌之中。半世紀以後的中國大陸，仍然貧窮、專制。少了軍閥與列強，卻多了一個競爭對手——市場經濟體系下充滿活力的台灣。

今天如果中共最高領導人能深刻體認當年國父臨終的遺言，審察現今沒落的共產制度，勇敢地修改兩個字，向全世界宣稱：「和平、轉變、救中國」，這位領導人也會變成另一位歷史性人物。

和平轉變才能繼續執政

戈巴契夫對共產蘇聯解體的貢獻，應當使他再得一次諾貝爾和平獎，也應當獲得全世界的讚揚，而大陸什麼時候才會出現一個戈巴契夫呢？

不論大陸是否會出現戈巴契夫，冷酷的現實逼使共產制度不得不修正。大陸上個體戶的興起與經濟特區的設立，正是勇敢的第一步。讓我們提供兩個和平轉變的實例：

一是一九三〇年代，當美國陷入最嚴重的經濟大恐慌時，當時自由放任的資本主義瀕臨破產，四分之一的勞工失業。美國人民沒有以流血革命來推翻當時執政的共和黨胡佛（Herbert Hoover）總統，而是和平地投票選出民主黨的小羅斯福（Franklin Delano Roosevelt）擔任總統。

他推出了一連串的「新政」——政府以財政赤字及積極參與經濟活動，來創造有效需求及就業機會，挽救崩潰中的資本主義。因為這些新的經濟理念來自英國經濟大師凱因斯（John Maynard Keynes），也有人稱之為和平的「凱因斯革命」。傳統式的資本主義就此壽終正寢，「混合經濟」（民間與政府共同參與經濟活動）一詞，也就變成了「後資本主義」的代名詞。另一個實例是台灣。為什麼相同的中國人卻產生這麼不相同的生活水準？

三十多年前，台灣的每人所得相當於今天的大陸，但是台灣在市場經濟體系下：

• 允許私有財產，因此財富得以累積。
• 鼓勵中小企業發展，因此經濟得以成長。
• 重視教育與知識份子，因此社會得以持續進步。
• 努力創造就業機會，因此中產階級得以形成。

這是四十年來一場默默的、大規模的和平轉變——一些三民主義的信徒甚至說，這已遠離了國父遺教，已脫離了中山學說的軌道，已不再是三民主義了。但不論所實行的是不是純正的三民主義，這種和平轉變的結果是，帶來較好的生活以及較好的遠景。在這種背景下，執政的國民黨在去年十二月的國代選舉中獲得了七一%的選票，贏得了一次高難度的選舉。

古今中外，沒有一個執政黨不想盡辦法——包括武力鎮壓，繼續執政。執政了四十二年的共產黨如果想在大陸上繼續執政，就要面對現實、和平轉變——以不流血的方式，轉變其對經濟的控制、對言論的控制、對政治活動的控制、對宗教的控制、對知識份子的控制。

香港的市場經濟對於廣東經濟改革的影響，提供了最好的佐證。沒有任何政治教條的香港商人，以貿易、設廠、投資、合作等方式，把廣東變成了中國大陸最開放，也是生活水準最高的一個地區。

這種和平轉變成功的例子，正為封閉的共產中國打開了一扇窗。鄧小平在一九八四年初對深圳有過這樣的評價：「深圳的發展和經驗，證明我們建立經濟特區的政策是正確的。」

不要等到最後一刻

面對一九九二年，《人民日報》在新年評論中指出：「改革空間仍然很大，改革的工作仍然繁重。我們不要浪費時間，必須進一步深化改革和對外開放。」

誠哉斯言！不要再浪費時間控制意識型態，更不要再浪費時間抵抗和平轉變。即使是為了四千八百萬共產黨員本身的生存，也需要和平轉變。我們期望中共最高領導人，不要在去世前、而要在健在的時候公開地宣稱：

和平、轉變、救中國。

一九九二年一月號《遠見》雜誌

18 需要戒急用忍的，是南向政策

不論是南向政策、西進政策，
政府最健康的角色，
不是南向的鼓吹者，也不是西進的守門人，
而是把台灣建構成一個乾乾淨淨、安安定定的社會。

政府首長動輒發表鼓勵我們廠商向東南亞地區投資的談話，目前正陷入公信力破產的窘境。幸虧，我們的廠商也只是表面上敷衍政府的號召，如果當真的去做，後果真是堪虞。

在政府「戒急用忍」的兩岸政策下，如果大陸的一些城市出了這些事，報紙上有這些驚人標題：

- 暴亂擴大，華人（台商）遭殃。
- 暴徒再度攻擊華裔商店（台商工廠），警方下令宵禁。
- 打劫商家頻傳，情勢難料，已擬撤僑計畫。
- 激情份子「向他們要回經濟正義」。

我們的首長大概會以先見之明的口吻告訴大家：「我們早已預料人民幣會貶值，社會會亂，經濟會崩潰，台商會吃虧……。」

不幸的是，上面所形容的不是中國大陸，而是幾年來一再被官方強力推銷南向政策的主角——印尼。前美國駐印尼大使在一九九八年二月九日的專論中寫著：「我與很多要去印尼投資的美國人及其他人士談話，除非那邊恢復了政治穩定，否則無人敢問津。」

我們的行政院長蕭萬長在一九九八年一月二十一日晚間訪問雅加達後，回到桃園中正機場舉行記者招待會，我在電視現場轉播中，很清楚地聽到這一段對答。

記者問：印尼因金融風暴已發生經濟危機，是否連帶會產生排華的問題而影響台商投資？

蕭院長答：印尼並沒有排華的問題，外界不要老是把過去的事情聯想在一起，否則會有不必要的誤會。

我們所關心的是，如果有台商聽了蕭院長的話，立刻去那邊投資，現在是否可以引用國家賠償法要政府來賠償？

根據是年二月十一日《聯合報》報導，經濟部投資處在前幾個月金融風暴時，就擔心排華風潮。可惜，一向謹言慎行的蕭院長，在政治外交的考量下，做了一次錯誤的投資遊說。

我只想提醒政府當局：自從一九七一年退出聯合國以後，台灣的經濟成長率，從來沒有與外交上正式承認中華民國的數目有什麼相關。到了今天，我相信，大部分政府首長及大多數人民（包括我自己在內）都數不出與我們有正式邦交國家一半的名字。但這對我們的自信又有什麼損失？兩岸應當「外交休兵」了，把中國人的錢好好用在中國人的土地上。

今後不論是南向政策、西進政策，政府最健康的角色，不是南向的鼓吹者，也不是西進的守門人，而是把台灣建構成一個乾乾淨淨、安安定定的社會，既可以吸引更多的外資，也可以擴大國人的投資。

一九九八年二月十二日發表於《聯合報》

19 從「身邊之事」到「兩岸之事」
——台灣的人才在哪裡？

進入二十一世紀，台灣最大的隱憂是：絕大多數的人才投入了民間企業，絕少的比例進入政府。

不能輕視「兩岸之事」

台灣真是一個多元社會。其中有弔詭現象的湧現，有生命力飛揚的宣洩．最近更朝向「自我中心」發展。

在當前發布的各種民調中，人民最關心的施政次序都是以「自我」為主軸的。近三年來所關心的甚少變動，大都集中在社會治安、教育改革、家庭生活、環境品質，這些項目讓我泛指它們為「身邊之事」。另一方面，最受知識份子批評的黑金政治、貪汙舞弊、務實外交、兩岸關係等，在一般人民心目中卻占了次要位置。

從民主潮流來看，走出威權統治陰影的人民，由集體意識轉向個人自主不僅是一種「必然」，更是一種「進步」。可是，以當前台灣處境而言，我不得不反覆強調：最能左右台灣前景與安危的，還不是「身邊之事」，而是「兩岸之事」。

兩岸互信衰退的嚴重

按照當前執政黨的「家規」，李登輝總統要全力處理好兩岸之事，蕭萬長院長則要全力處理好身邊之事。如果處理允當，外有兩岸和平，內有生活安定，內外兼顧，二〇〇〇年三月選出的總統，就非國民黨候選人莫屬。

可是，在今天的政治現實中，令人民失望的身邊之事排山倒海而來；當局想擱置的兩岸之事，在美國人軟硬遊說下又不得不談。處理兩岸之事的第一步必須從恢復兩岸會談開始。即使開始，也仍會像一列慢車駛進看不見盡頭的隧道。近三年來兩岸互信的衰退，遠比任何經濟指標的衰退更嚴重。這種衰退，對任何一方都沒有好處，但對台灣的傷害更大。

面對東南亞金融風暴，高層首長對南向政策表現了過分的熱中，甚至不顧印尼排華浪潮，鼓吹台商去投資；另一方面則冷嘲熱諷地預測大陸人民幣將貶值二五%～四〇%？

事實上，不是人民幣貶值，而是台幣貶值了一〇%以上。這種官方言行，既不符合「國家利益」，也難以建立兩岸互信。同理，中共外長錢其琛反唇相譏我們的台幣貶值，指控台灣助長金融風暴惡化，更是無助於兩岸的「春天將會來臨」。

人才在哪裡？

這正反映出台灣的窘態：既少治理身邊之事的人才，更少處理兩岸之事的智慧。

這使我想起了李光耀與朱鎔基二位。遠在一九七一年春天，李先生發表過一篇演講〈新加坡的命運就靠三百個人〉——「如果這三百個人在空難中一起消失，新加坡就會瓦解。」

剛被推選為中共總理的朱先生，在一九九三年推動宏觀調控嚴杜舞弊時曾說：「給我訂做一百個棺材，九十九個送給貪官，一個留給自己。」

進入二十一世紀，台灣最大的隱憂是：絕大多數的人才投入了民間企業，絕少的比例進入政府。有成就的企業家不肯擔任公職，還不是待遇偏低，而是在國會殿堂缺少應有的尊敬，在辦公室要應付太多利益團體的壓力，在做事上要看層峰的眼色，在做人上甚至要犧牲應有的原則。這就是說：台灣不是沒有人才，而是擔任公僕的大環境是如此惡劣，不值得棄商從政。

在《張忠謀自傳》附錄中，刊出了應蕭院長之請而寫的〈發展台灣科技業〉一文中指出：「我們需要大量有使命感、有創新能力的精英在台灣安居樂業。政府應正視病根所在，努力、盡快提供一個能夠吸收、留住這種人才的環境。」

在無疆域的世界經濟體系中，人才的流動像商品一樣。要創造出一個留得住科技精英的環境不易，要創造出一個人才樂意擔任公職的環境更難。

儘管內閣經常改組，但處理身邊之事的首長們就是那些熟悉、做秀的面孔，有些部會的首長是愈換愈糟。能處理兩岸之事的人才更少。自從五年前海基會祕書長陳長文辭職後，社會大眾就察覺到談判人才的嚴重缺乏。如果兩岸參與協商的人都從敵對意識出發，兩岸的談判怎麼可能傳出春意？

國民黨的反敗為勝

一個角度看，只要高層能跳出自己所設定的小圈圈，台灣仍然可以找到人才。試以馬英九先生為例，他以後終身任教，或參選台北市長，或再任閣員，不僅反映他的生涯規劃，更考驗層峰今後的用人氣度。

在企業界，「用比你強的人，你的公司就會成巨人公司；用比你弱的就會成侏儒公司。」近年來的政府部門是用了更多的巨人？還是用了更多的侏儒？

當世界各國都在全力培育跨世紀人才時，台灣的特色是各黨派仍善於內鬥，怯於奉獻。新黨的內訌，給大家再一次教訓：人人太自我中心、人人太聰敏計較的黨是無法團結成長的。根據熟悉新黨內訌的重要人士預測：除非兩個月內，創黨大老能放棄前隙，否則在年底立委選舉中，將潰不成軍。

面對尚未成熟的民進黨與不爭氣的新黨，只要國民黨放大心胸、延攬適才適所的人，就是反敗為勝的起點。

一九九八年四月號《遠見》雜誌

20

退休後的李總統要做什麼？

容許我誠懇地向李總統建議：您幾乎什麼事都可做，
千萬不要做為國民黨賺錢的事，
不論是現任或卸任的總統：計利當計天下利。

按照憲法規定，李總統任期將於二〇〇〇年五月任滿。即使仍有一些人懷疑李總統可能透過修憲方式，延長一年七個月，甚至再另做一任。我個人認為，所有這種類似的推測，實在陷李總統於不義。換言之，我相信李總統在明年五月後將會變成「無職一身輕」的平民，受到國內外人民的肯定。當兩位蔣總統都積勞成疾、在任內去世的時候，我們希望李總統如他當年在南非訪問時所說：「生前交出政權。」

正因為兩位蔣總統都沒有享受過退休生活，近年來在媒體上不斷報導李總統退休後的生涯規劃，記得這些規劃包括：到南投定居、為原住民服務、在金門度過餘年、終身義工、各處講道、到國外旅行……所有這些都非常有意義。但昨天讀到最新的報導：「退休以後，或許會考慮到黨營事業做一些生意，為黨營事業賺一點錢，多救濟一些弱勢團體。」（一九九九年一月十七日《聯合報》）如果李總統只是「在考慮」，尚未決定「到黨營事業做一些生意」，那麼容許我誠懇地向總統建議：

總統：計利當計天下利。

您幾乎什麼事都可做，千萬不要做為國民黨賺錢的事，不論是現任或卸任的

國民黨的黨營事業一直被社會懷疑其競爭的公平性，以及與特定財團的關係像黑盒子一樣的不清不楚。即使您是去逐一減少、整頓，甚至關閉這些黨營事業，您也不要親身去執行。世界上民主國家中擁有這樣龐大財富的政黨是例外。

黨的財富愈多，問題愈多；您想去幫黨賺一些錢，結果是您的聲譽將受到最大的虧損！

要救濟一些弱勢團體，不能靠國民黨的黨產及經由您的努力而賺到的錢；而要靠政府的政策，以及您登高一呼的道德示範與您以身作則的捐獻。花錢的公益事業，可以靠領導者的道德力量（不是金錢力量）去推動的，如證嚴法師。

美國總統最多任期二次，共八年，因此卸任後仍然健在的總統歷歷可數。在任內表現極端令人失望的卡特（James E. Carter, Jr.），卻因為卸任後參與協助美國窮人、海外災情、協調停火，以及個人的傳教、著述、演講，與卡特圖書館的各種學術研究活動，贏得了美國人民高度的尊敬。因此，媒體稱讚他是「美國歷史上聲譽最高的卸任總統」。即使因水門事件而辭職的尼克森（Richard M. Nixon），也設法以「元老政治家」的外交經驗與著作來彌補其任內的羞辱。目前正陷入被參院彈劾的柯林頓大概可逃過免職一劫，但卸任（或被迫辭職）後，我敢肯定，仍然年輕的他，絕不會去幫民主黨賺錢，也不會擔任大企業的重要職位。

對卸任後李總統的生涯規劃，我個人的建議包括：

一、以校友身分，去日本母校訪問，並向日本朝野發表重要演講。

二、以農經專家身分，透過適當安排，去大陸訪問，並去北大等學府演講。題目可以從「農業發展是經濟發展的根本」到「自由民主是台灣的生活方式」。

三、花較多的時間從事國內的各種公益活動，並享受晚年的家庭樂趣。

四、花一部分時間去世界各地旅行、訪問、演講，再把這些觀察綜合起來，提供政府決策參考，使台灣變成一個更有生活品質的開放社會。

五、以自己的影響力，落實台灣是一個法治、公平與大愛的社會。

如果這樣，歷史也許會記載，卸任後的第一位民選總統李登輝，得到了比他在職時更多的尊敬。

一九九九年一月十八日發表於《聯合報》

21 該倒的，就讓它們倒下去

政治鬥爭中排除異己，顯現出自己的粗糙與貪婪；市場經濟下的自我消失，正是最自然不過的回天乏術。對這些特定財團的沒有回應是最好的回應。

民主奇蹟vs.黑金政治

西方人如果認為台灣有一個「民主奇蹟」，那麼請再來檢驗一下當前的實況：在徒有投票的民主而缺乏實質法治所產生的「黑金政治」，已經快拖垮台灣的經濟奇蹟，也已經戳破了東方不敗的政治神話。

黑金政治凸顯的是：黑道要權力，金權要財富。當黑道與金權堂堂皇皇進入民意機構、黨營事業與權力圈內之後，就肆無忌憚，相互利用，一面累積財富，一面擴張權力。權勢與財勢的結合、蔓延、擴張，因其先天上的不正當性與運作上的不合法性，遲早會帶給這些政商們身敗名裂。試看近月來一些財團的崩潰、政商概念股的瓦解、商場人物的狼狽下場！

一位民進黨領袖告訴我：「脆弱的國民黨要繼續執政只有兩個選擇：一是與民進黨結合，聯合執政；一是與黑金結合，掌握議會多數。國民黨選擇了第二條路。」

第二條路所帶來的，正是政商關係下這些財團股票的崩盤，這些企業的崩潰儘管帶來社會動盪，但我們應當歡迎它終於引爆了。

因此，一個看來景氣衰退下的經濟現象，事實上所反映出的是一個更嚴重的權力運作：這些黑金政客有本領獲得特權及財富，但沒有本領經營企業；當企業要倒閉時，只能再度運用各種政治勢力，軟硬兼施下要求政府對他們紓困、貸款、協助。

台灣的民主是虛幻的民主，投票的老百姓以為自己是當家作主，事實是一旦獲得選舉勝利後的領導階層，他們所花的大部分時間就是與民代、權貴周旋，他們最容易聽到的聲音是黑金的聲音。

那些靠政商關係建立、而今已敗象畢露的財團，當然應當讓它們一個一個地倒下去；正如當初一個一個不夠格的民意代表，根本就不應當獲得提名！

只有自己爭氣，才能打敗不景氣

當今的領導階層，正可利用市場經濟下的優勝劣敗法則，讓那些靠特權發跡的集團自然淘汰。這正是上天給執政黨「中止惡質政商關係，切斷利益輸送臍帶」的千載良機！

政治鬥爭中排除異己，顯現出自己的粗糙與貪婪；市場經濟下的自我消失，正是最自然不過的回天乏術。對這些特定財團的沒有回應是最好的回應。從今而後，即使有最好人脈的財團也應覺醒：最可靠的自救之道是把自己的企業經營好。我一直認為：在俱樂部裡與球場上活躍的商人，其企業是不會活躍的。

在政治壓力下，我們佩服三位財經首長的專業判斷與道德勇氣：對要運用外匯存底買股票說「不」；對「減徵」或「停徵」證交稅說「不」；對經營不善的財團紓困說「不」。

他們的「袖手旁觀」，正表現了他們的擔當。蕭院長一再強調：台灣經濟基本面仍然健康。我個人贊同，政府財經決策要看得遠，舵要把握得穩，然後李總統與李主席即刻宣布：「需要財務紓困的財團不要找總統府，也不要找（劉泰英的）投管會。要找的是自己：只有自己爭氣，才能打敗不景氣。」

一九九九年二月七日發表於《聯合報》

22 大討好與小討好

台灣是個執政者在時時刻刻「討好」的社會

以執政黨的施政來看，它一面毫不掩飾地在討好偏愛的財團；另一面是爭先恐後地在討好全體選民。

這真是一個弔詭的年代。

台灣既進步又墮落。否則怎麼可能在這樣開放的社會，會出現金融亂象於前？商界大老幕後主導紓困政策於後？

台灣是既民主又威權。否則怎麼可能在幾乎所有專家學者都反對證交稅不應當調降的共識下，決策階層可以一意孤行，一個人的經濟學問怎麼大於幾十位專家學者？

或者更正確地說，台灣是個執政者在時時刻刻「討好」的社會。以最近執政黨的施政來看，它一面毫不掩飾地在討好偏愛的財團（它們曾經在各種選舉展現過它們的財力支援），另一面是爭先恐後地在討好全體選民（一九九七年縣市長選舉中，國民黨已失去了四分之三的江山）。前面的討好是針對「商界大老」，可簡稱「大討好」；後面的討好是針對「升斗小民」，可簡稱「小討好」。

值得指出的是，在擁有現代法治與民主的歐美國家，不容易出現「大討好」，但會不斷出現「小討好」。對升斗小民的不斷討好——福利要多、照顧要好、納稅要少，就不斷出現「小討好」。對升斗小民的不斷討好產生了歐美各國在社會福利政策上不斷出現龐大的財政赤字。這種普遍受歡迎的「小討好」，在西方社會當然也出現了警惕性的反制聲音：

- 今天受人歡迎的財政部長，就是明天後遺症的製造者。
- 這一代人的舒適是建築在下一代子孫的痛苦上。

• 長期虧損的社會福利會帶來難以為繼的社會災難。
• 短視的政客是在博取選民的貪心，遠見的從政者會鼓舞選民的愛心。

大討好的後遺症

台灣的「大討好」——向商界大老示好，已經暴露了決策危機，反映出下述的後遺症。

(1)紓困措施——特別是減稅這部分，使納稅的公平性受到嚴重傷害。
(2)證交稅如果取消或調降，稅收損失估計最高可達一千四百億台幣；當銀行營業稅率降至二%時，稅收又將短少三百五十億台幣。一個行業的減稅，勢必需要日後大家來承擔。
(3)市場淘汰機能再次受損——只要窟窿愈大，政商關係愈好，就愈不要怕倒閉。
(4)財經首長與中央銀行的決策能力與獨立性受到空前質疑。

(5)專家學者們的專業性受到奚落。特別是幾位財務金融的學者公開說明「降證交稅救股市，無異緣木求魚」，但都被置若罔聞。

(6)憲法上府院權責不相稱的病態已充分顯露。

小討好帶來的財政危機

「小討好」是討好升斗小民，用心良苦，但對財政收支的影響更甚於「大討好」。

例如預定自民國八十九年開辦的國民年金制度，政府就要籌措三百億元。再如擴大老農津貼範圍，一年就要增加三百六十八億元。

為了保護台海安全，下年度國防支出高達三千五百五十八億元（據估計五年後如能買到一架現代戰機，就要花二十億至二十六億台幣）。

根據八十八年下半年度和八十九年中央政府總預算，達兩兆兩千五百五十八億，因入不敷出，需要發行公債三千九百五十億，另加債務基金三百億公債，合計要發行四千二百五十億元公債，創下新高。

在不敢加稅的政治壓力下，我國人民的賦稅負擔率（賦稅對GNP比率）降至一四%，創下新低。與歐美各國相比，它們通常都超過二〇%。

儘管主計長韋端認為「不致出現財政危機」，但是經建會副主委李高朝則認為：「下年度預算快編不出來，怎說沒有財政危機？」李高朝補充說明：⑴不舉債，公務員薪水都發不出來；⑵未來五年內根本不可能收支平衡；⑶擴大內需已做不下去，明年經濟成長率五・九一%難以達到。

國際上認定財政危機的門檻，是政府預算赤字是否超過GDP的三%。李高朝估計已達三・四%；韋端則認為計算有誤，尚未到此門檻。

不論預算赤字是否已達門檻，財政危機當然已經顯現。我們甚至可以說：股市受挫中，受傷者是大戶與散戶；財政危機一旦引爆，則無一倖免。民國三十八年金元券在大陸崩潰，就是政府無節制地印發鈔票，來支應財政赤字，終必帶來惡性的通貨膨脹，造成國破人亡、政府撤退的悲劇。

在可預見的今後幾年，國民黨似乎仍有繼續執政的可能。那麼日後減少財政赤字的各種手段——從公務員幾年無法調薪，到稅收年年增加，仍要由執政黨來執行。因此，今天受到選民歡迎的「小討好」，明天就會變成「大痛苦」。

「求好」才是領導者

兩種「討好」帶來的危機，已經暴露政府部門中的多種缺陷決策過程中的粗糙、專家意見的遭受奚落、紓困措施的缺乏公平性及有效性，以及討好選民政策所產生的嚴重財政赤字。距離一九九九年八月各黨提名總統候選人的時間已不到半年，我們真希望各黨英雄與各路好漢端出牛肉，認真地告訴選民：他們有什麼樣的財經政策與施政藍圖，可以值得選民肯定誰才是二十一世紀的真正領導者。

我希望，選民終於發現：「討好」的是政客，「求好」的才是領導者。

一九九九年三月二日發表於《聯合報》

23 我們需要什麼樣的國家領導人？

經過了民主、多元、民氣釋放的十年；
經過了內耗、權謀、政爭迭起的十年，
我們真嚮往有一個安定的、和諧的大環境，
以及一位沉著、包容、大格局的領導者。

拉鋸局面

台灣社會民主多，法治少；台灣人民有高所得的不少，有高生活品質的不多；台灣家庭小康普遍，大愛不普遍；台灣議壇既呈現生命力，也出現惡勢力；台灣官員不缺少做官的熱忱，但缺少做事的擔當；台灣企業有些憑本領而揚名世界，有些靠權勢而苟延殘喘。

台灣面臨了一個成或敗、進或退、是或非、善或惡的拉鋸局面。如果繼續改革，前程似錦；如果往後倒退，後果堪慮。

面對成敗與進退拉鋸戰時，在缺乏完整制度下，往往就要靠領導者一人的智慧及決斷。

不需神化領導者

觀察歐美社會，可以得到一個令人驚奇的心得：在一個真正民主、法治現代化的國家，政府的運作是靠體制與各階層的文官，而非居高位的領導者。領導者的媒體魅力常常多於真正的影響力。試看近三十年來美國的總統如福特（Gerald Ford）、卡特、布希均極為平庸；而詹森（Lyndon Baines Johnson）、尼克森、柯林頓則各犯了嚴重的錯誤。

可是在台灣，黨主席與民選的總統，一個人的決定就是黨與國的決定。「領袖」的權威過去是建立在威權與廉能上，今天是建築在選票與鈔票上。

進入二十一世紀，中華民國除了更民主、更法治、更開放之外別無選擇。選民經過了半民主、半法治、半威權的十年，終將會要求一個大格局、大包容、大識見的新領袖出現。

在現實政治中，我們也不需要開列出任何政治人物無法達到的條件，把領導者美化或者神化。

具有兩百餘年民主傳統的美國，根據美國歷史學家史勒辛格（Arthur Meier Schlesinger Jr.）於一九九六年邀請三十二位美國專家學者的評比結果，被認為「偉大的」總統只有三位：華盛頓（George Washington）、林肯（Abraham Lincoln）、小羅斯福；傑佛遜（Thomas Jefferson）、威爾遜（Thomas Woodrow Wilson）、杜魯門（Harry S. Truman）為「近乎偉大」；我們較熟悉的艾森豪、甘迺迪、詹森為「中上」；福特、卡特、雷根（Ronald Reagan）、布希、柯林頓

（第一任）則為「中下」；尼克森被評定為最差的七位「失敗」總統之一。

對李總統的評價

一向直言的王作榮先生，在其自傳《壯志未酬》中，對兩位蔣總統與李總統均有率直的褒貶。他在書中指出：

- 蔣中正總統是鄭成功以來對台灣貢獻最大的人，但專制獨裁。
- 蔣經國總統是史達林（Joseph Stalin）與包青天的混合，有其智慧與機敏。
- 李登輝總統能忍而難容、敏感而自信。有強烈之改革企圖，但不是一個堅強的改革者；有熱烈的革命情懷，但不是一個壯烈的革命者。待人雖誠爽，但亦用謀略。自負甚高而喜出奇謀，但出奇未必能制勝。有國際視野，但更多地方情結。深受日本文化及習俗傳統影響，但對中國歷史文化興趣不高。富於想像而格局不大。多拚鬥精神，而少沉潛工夫。（參

閱該書第三十三章至第四十一章)

對新總統的期望

把自己看為一個冷靜、理性、挑剔的選民，我希望中華民國的新總統要具有下面四項先決條件：

⑴**治理國家的學識和能力：**有見解、能裁決、肯授權。

⑵**人民可以信賴的個性：**沉著、包容、大愛。

⑶**較完整的公職生涯：**有過大風大浪的經歷與磨練。

⑷**無私與專業的幕僚：**不攬權、守本分、知進退。

此外，提出一套策略及藍圖，能把台灣建設成一個真正現代化的社會：要有能力及公信力可以切實改善兩岸的僵持關係。

對理性的選民，選總統是何等重要的大事。因此，我還特別注重領導者的性格：

- 做大事可取，講重話不可取。
- 冷靜決策可取，熱情作秀不可取。
- 包容可取，報復不可取。
- 授權可取，專權不可取。

經過了民主、多元、民氣釋放的十年；經過了內耗、權謀、政爭迭起的十年，我們真嚮往有一個安定的、和諧的大環境，以及一位沉著、包容、大格局的領導者。

這位國家領導人，真如一百餘年前著名的美國歷史學者亞當姆斯（H. Adams）所描述：「美國總統就像汪洋大海中的船長，他必須掌舵、領航、返港。」我們有權利要求：新世紀中華民國的國家領導人，掌舵要穩健，領航要精確，靠港要安全。

一九九九年五月號《遠見》雜誌

24 一架軍機換一個翻譯中心

讓我們盼望有一位總統候選人站出來宣布：

如果我選上總統，

我要把中華民國由「文明古國」變成「文化大國」，

其中的第一步，就是在台灣成立一個「全球翻譯中心」。

沒有一個人會聯想到，以經濟活力與外銷實力馳騁世界的台灣，居然會在全球軍火採購上名列世界第一。事實上，至少自一九九四年以來，台灣一直獨占鰲頭，這是一個多麼情何以堪的「榮譽」！我們不得不沉痛地問：兩岸領導人對這種對峙的兩岸關係以及因而衍生的各種有形與無形重大代價，能無動於衷？

一架F16戰鬥機，從購買到裝配，大概要二十億新台幣。一年之內三架墜毀，不僅空軍優秀的飛行員因此殉職，也至少損失六十億以上的台幣。國家安全當然重要；更重要的是，有沒有比購買武器來增加國家安全更好的方法？方法之一，當然就是透過協商，「中國人不打中國人」。

即使在兩岸缺乏互信的現狀下，我也會建議從一九九八年一千五百億元的軍火採購中少買一架軍機，把省下的二十億元，用來資助成立一個「財團法人全球翻譯中心」——特別著重把中文的文學作品譯成英語、法語、日語……傳播到世界各地的讀者手中。

一年二十億元的基金會有一億左右的孳息，一億的經費與只有兩百萬元經費不到的「中華民國筆會」相比，該可以產生多少輝煌的譯著！中國人得不到諾貝爾文學獎的一個重要原因，當然是外人缺少欣賞中國作品的能力！翻譯是座橋梁，讓它穿越中西，把中國的譯著放在世界文學的天秤上。

有了這個民間獨立的「全球翻譯中心」，當前國立編譯館、文建會等單位資助的經費與計畫都可以考慮納入。我一直相信，民間來做一定會產生更多文學的火花！

當我們政府動輒以數千萬或數億美元來爭取一個小國的外交承認時，中華民國筆會，一個受人尊敬的國際文學組織，二十七年來，默默地把台灣最好的文學作品翻譯成英文，推廣到全世界。第一任總編輯殷張蘭熙女士，投入了二十年，既出錢，更出力，得到了一些默默的讚許與認同。那是一種對中國文學深沉的驕傲與使命感。齊邦媛教授承擔了七年的編務，翻譯的火炬現在又傳到彭鏡禧教授手中。在傳承之際，齊教授主編的一本《中英對照讀台灣小說》日前出版，扉頁上寫著：「我們以本書獻給殷張蘭熙，表達二十年來她對台灣文學翻譯的專注。」她的女兒殷琪說：「母親最愛的是文學，不是兒女。」

我們絕不可低估一本書的影響。一本書，可以推翻一個朝代，如國父的《三民主義》；一本書，也可以引發一場革命，如凱因斯的《一般理論》（*The Genera lTheory of Employment, Interest and Money*）。讓這本中英對照的書，在新世紀中掀起文學翻譯的新熱潮。

在全球最大的法蘭克福書展中，看到英國牛津大學出版社耀眼地掛著「女皇輸出卓越獎」時，我突然驚覺：台灣在商品外銷上是大國，在文化產品輸出上卻是侏儒。一個真正進步的現代化國家，怎可能像我們一樣，年年有如此龐大的「文化赤字」？

一九九九年七月十日發表於《聯合報》

25

李總統最後的機會

——使台灣不再是全球軍火採購第一

啼笑皆非的「榮譽」

絕大多數生活在台灣的兩千兩百萬人民，只知道我們正努力進入「國際化」的資訊時代中；很少人會知道，我們卻同時生活在海峽兩岸新冷戰的巨大陰影中。

從國際權力均衡來看，「冷戰」早已隨柏林城牆的倒塌而壽終正寢。已經誕生了十年的「後冷戰時代」，是以「國際化」為主軸，不再比核彈大小，而比PC快慢；不再比軍力的部署，而比網際網路的普及。

當二次大戰中有血海深仇的英、德、法大國早已握手言和，共謀經濟利益提升時，海峽兩岸還是走不出你輸我贏的死胡同。在中共相信「台灣不放棄台獨」、在台北相信「中共不放棄武力」的情勢下，台灣也就捲入了與中共的軍備競賽。可是，中共是要做「區域強國」，發展核武對抗美、蘇、日等國；台灣則沒有任何這方面的企圖心。如果政策選擇正確，兩岸關係理順，台灣當然不需要花巨額外匯，不斷購買防禦性武器。

近年來兩岸關係的緊張，促使台灣在全球軍火採購上，居然名列世界第一。這種令人啼笑皆非的「榮譽」，需要全民深入探討。

根據瑞典斯德哥爾摩國際和平研究所於六月中所公布的全球武器進口資料，在一九九八年，各主要國家傳統武器的採購：

(1)台灣高達四十六餘億美元（相當於新台幣一千五百億），獨占鰲頭。

(2)第二名的沙烏地阿拉伯，購買了近二十億美元的武器，不到台灣的一半。

中共名列十三，進口了一億四百萬美元的武器（中共同年出售了近一億六千萬美元的武器）。

(3)令人吃驚的是，從一九九四～一九九八的五年中，台灣軍火的總採購為一百三十三億美元，相當於四千四百億新台幣，平均每年約為八百八十億新台幣，也是名列世界第一。

援助大陸一百億新台幣

正如李總統主導科索沃的人道援助及戰略思考，現在我要建議李總統以突破性的善意，謀求兩岸關係有戲劇性的改善，讓我們幻想一些可能：

同意兩岸直接三通，特別使台商在成本及時間方面受益。

政府減少幾百億武器的採購，而以其中一部分援助大陸，改善其教育及基本建設。（這樣的做法會由於減少了武器的購買增加了危險？還是因為敵意的減少反而增加了安全？）事實上，多年前趙耀東等幾位就提出過百億經援大陸的建議。

有限度地引進大陸福建勞工，每年若干名（如一萬名）。

在大學與研究所設立大陸學生獎學金（如每所大學若千名，總數數千名）。對援助科索沃一百億新台幣有反對意見的人，李總統說：「不要做小氣鬼。」現在再度展現戰略性思考，李總統宣布援助大陸一百億新台幣，指定只能用在改善重點大學的教學與研究上。如果有人反對，這些人不僅是小氣鬼，更是缺少經營大台灣時要展現的同胞愛！（我所擔心的是即使「給」，大陸還要愛面子而婉拒。）

哪一位總統候選人最合適？

從戰略層次思考，用盡一切方法，增加兩岸互信，顯然遠比購買武器要來得有效；從機會成本觀點，一千五百億新台幣軍火採購的排擠效果是十分巨大的。如果部分可轉移到國民年金、教育投資等方面，其對人民福祉的增加顯然會更大。

如果李總統任內無法做到，只有寄望於明年五月選出來的新領導人。

現在距離總統大選只有八個月，讓選民們仔細審察哪一位總統候選人：

⑴最具有自我的節制，不浮誇自己，又不激怒對方？

⑵最具有大格局的思維，可以彈性協商，減少兩岸的緊張？

⑶最具有國家認同，真心誠意地開創一個雙贏的前景？

⑷最具有民族情義，可以凝聚海內外人心，不自拒於中國之外？

台灣面對世界第一的軍火採購，一位理想的領導人，要兼有包容性、前瞻性、中華情與國際觀。

真正的強者

美國及北約在南斯拉夫的軍事勝利，根據耶魯大學教授保羅．布拉肯（Paul Bracken）的判斷，將會促使亞洲國家更全力發展飛彈及其他摧毀性武器。這位討論亞洲軍事科技《東方之火》新著的作者，做了一個驚人的預測：「亞洲會瘋狂地及快速地再擴張軍備」（包括發展洲際飛彈、核彈化學及生物武器）。

最新消息：俄羅斯已決定出售七十二架蘇愷三十戰鬥機給中共。台灣面對這一國際變局，更要設法不捲入與中共的軍備競賽中。當一年之內三架F16戰鬥機先後失事，如果當局只想到如何再去購買更多的戰鬥機，而沒有努力設法減少戰鬥機的需要，那真是台灣人民的宿命！

在「世界第一」的榮譽中，我們要爭取競爭力第一、所得分配第一、生活品質第一、教育支出第一，但絕不要軍火採購第一！

在兩岸關係僵持中，哪一方的領導人，誰敢做出真正的善意，誰就是真正的強者。

在兩岸關係突破中，留名中國歷史的，不再是戰場上的英雄，而是創造雙贏的和平使者！

我多麼希望這位人物就是李總統。在剩下不到一年的時間中，李總統還有時間來改寫自己的歷史地位。

一九九九年七月《遠見》雜誌

26

台灣進入高度不安定期

「兩國論」所引發的對岸反應，與總統競選時的火併，將把台灣帶入高度不安定期。

期盼台灣能在二十一世紀出現一位沉著大度、尊重體制、中規中矩，內能推動理性改革、外能營造兩岸雙贏的新領導人。

另一波的不安定

台灣人民——尤其是民間企業與廣大投資者——最渴求的就是社會安定。弔詭的是，高票民選出來的李登輝總統，卻一而再、再而三地以一個人堅強的意志，不斷推出具有爭議性的決策——從修憲、康乃爾之行到百億新台幣援助科索沃。七月九日宣布的「兩國論」又把台灣帶到不安定的新高點。

按照民主國家慣例，即將卸任的總統如要做出重大決策，通常還會先照會各黨總統候選人，並且要格外地謹慎，避免遭受「留下的殘局要後人收拾」的譴責。

連宋不配以後，在今後的八個月中，連、宋、陳、許四位的劇烈對決，也會助長台灣社會另一波的激情。

巨大的社會成本

民主政治本來就不是只有利而無弊的制度。在台灣民主政治推動的過程中，不斷出現弊病，可惜一直未能消除。試看民選出來的總統可以多獨斷，民選出來的民代可以多自大，民選出來的議會可以多失態，而接受賄賂的選民，也可以多無格。

在競選過程中，降低稅率、慷慨補助、從寬處罰、施捨好處、荒廢公務四處宴客、空放承諾……，都是民主政治帶來的社會成本。我曾經在另一文中（《聯合報》七月十七日）特別指出，在預測選舉勝負非常接近時可能帶來的五種巨大社會成本。讓我引述，做為日後的歷史見證。

社會成本之一是「人格暗殺」：為了要贏得選舉，一切不道德、甚至不合法的手段都可能用。幕僚們可以聲稱未經候選人同意下，放出各種人身攻擊，竄改各種紀錄、談話資料來抹黑、栽贓、汙衊。經過「人格暗殺」後的候選人，即使當選，也是遍體鱗傷。選出來的總統，已難受人尊敬，而是令人同情。

社會成本之二是大量賄選：樁腳買票與黑金勢力的勾結又將披掛上陣，政治人物向選民訴求的廉能改革，尚未出征，就已陣亡。有人估計百億以上的買票將無法避免。

社會成本之三是社會動盪：在關鍵時刻，省籍情結會再次被用做鬥爭的工具。本來已經逐漸癒合的族群融合，又將面臨新的裂痕。沒有人能擋得住這種

「政治不道德」的再度出現。

社會成本之四是兩岸關係緊張：候選人對三通、戒急用忍等重大政策勢必表示支持或批判。目前李總統對兩岸關係界定為「特殊的國與國關係」，這個接近民進黨一貫主張的宣示，已經引起兩岸另一波的新緊張，以及內部的爭論。

社會成本之五是沒有高當選率就難以推動改革：如果參選者的真正目的不是為個人權位，而是要誠心誠意地做事改革，那麼得票率愈高，自然就有愈堅強的民意基礎來推動。例如要切斷當前的黑金掛鉤，以及突破兩岸僵局，就必須有強大民意的支持。以三成多票數當選的總統，一開始就變成了「跛腳」總統，將會是改革的最大阻力。

人民的三大要求

對當前絕大多數的台灣選民來說，最迫切的三大要求是：

(1)**安定的重要：**過去十餘年來的民主化與本土化，帶來了巨大的改變。當階段性的改變落幕時，大家盼望的是一個比較和諧、安定、合作的環境。「安定」的第一個層次是「政治上」的安定，不要再以省籍情結做為選舉的籌碼，不要再以民粹主義來支持強人政治。讓全體人民擁有免於族群衝突的恐懼，也擁有免於政治鬥爭，政策急轉彎的恐懼。「安定」的第二個層次是「生活上」的安定。這其中涉及到兇殺、綁票、車禍、火災、水災……它需要各級政府的努力，以及用心認真的領導才能達到。

(2)**改革的迫切**：從黑金政治、金融呆帳、利益輸送，到政府再造、教育改革、永續發展，無一不需要行政首長的全面執行與立法院的全面支持。尤其重要的是：未來的領導人必須具有不折不撓的改革決心與切實可行的改革方案。

(3)**兩岸的雙贏**：沒有穩定的兩岸關係，就不可能有安定的台灣。誰也沒有料想到，汪道涵先生正打算在秋天訪問台灣時，李總統在國內外無預警的情況下，宣布「特殊兩國論」。如果決策階層花了一年時間研究，怎麼在宣布以後會引起國際上這麼多（包括善意的）的質疑？這種決策不周延的過程一再發生，已引起人民不安。

期待新領導人

多年來，我不斷提醒政府首長：決策錯誤比貪汙更可怕。即使一個看來多數人民會支持的決策，也必須審慎地評估，宣布此一決策的時機及可能承擔的後果。現在看來，以個人堅定的意志力宣布的「兩國論」，充滿了不確定感及兩岸可能升高的危機。

當李總統的歷史使命感，使他宣布「兩國論」時，我十分擔心對面的江主席，也有他不容許「祖國分裂」的歷史使命感。兩個歷史使命感衝撞時，會不會把早先兩個人都講過的「中國人不打中國人」拋諸腦後？

從此刻到明年三月「兩國論」引發的對岸反應，與總統競選時的火併，將把台灣帶入高度不安定期。

從李總統執政的十二年紀錄來看，誰還敢把自己的一票，投給一位強勢的、好鬥的、只相信自己的總統候選人？期盼台灣在二十一世紀出現一位沉著、大度、尊重體制、中規中矩，內能推動理性改革、外能營造兩岸雙贏的新領導人。

一九九九年八月號《遠見》雜誌

27 領導人的領導風格

只有兩岸出現擁有大格局的領導人，才能化危機為轉機。大格局領導人，不靠權謀求獨立，不靠武力求統一。不做亂世之梟雄，不做戰爭之英雄。

高貴的示範

即將退休的領導人，對國家最後的貢獻，不是憂心忡忡地安排後來者，要在他預設的政策軌道上亦步亦趨，而是放手相信新領導人會有他的政治智慧，開創新局。在夕陽餘暉中，元老政治家最痛苦、也是最珍貴的決定，就是放棄激情的演出，然後一無牽掛地，像徐志摩揮別康橋，「不帶走一片資源」，這該是何等高貴的示範！

如果政局如棋局，有多少政治人物能夠做到：

- 不從旁布局，以示超然。
- 不從旁攪局，以示自律。
- 不從旁破局，以示智慧。

卸任後的副總統李元簇先生，已經達到了這個灑脫的境界。做一個「出局」的黨國元老，會得到更多「局內」人的尊敬。

殘局還是新局？

在世界舞台上，台灣的經濟實力不容忽視；可惜在中共牽制下，台灣的國際地位處處受到限制：從亞太經合會議我們的領袖無法出席，到行政院長蕭萬長不得科索沃其門而入。

如果世局如棋局，在這一盤涉及華府、北京、台北的渾沌大棋局中，台灣的落子在過去兩位蔣總統時代，是謹慎而細密，與華府交往，一向耐心地據理力爭，極少犯錯；近十年來在李登輝總統的外交布局下，其策略或想尋求突破（康乃爾之行），或想出奇制勝（如南向政策、科索沃的援助），或知其不可為而硬為（如申請加入聯合國），或想以大兵立小功（如度假外交、巴拿馬之旅）。總之，躁進式的落子太多，每一步棋均在剃刀邊緣，而且也都產生了不可忽視的後遺症。

七月九日宣布的「特殊兩國論」則是屬於一步險棋。這種機會小與風險高的宣布，成功，則中華民國獲得了應有的定位；不成功，則又升高了兩岸空前的緊張，並且減少美國對台北的信任。

國際棋局中，外交當局設法藉「點」的努力，使其能成為「面」的突破，可說是用心良苦。但是大部分國際輿論（包括友邦美國）大概總認為我們是「反其道而行之」、「逆向操作」，以及「低估了不成功帶來的成本」。所謂「麻煩製造者」（Trouble-Maker）即反映了他們對台灣外交突破的評估。為了台灣兩千兩百萬人民的尊嚴，如何把我們要做「改變者」（Change-Maker）的強烈意願，不貼上「麻煩製造者」的標籤，這是值得全民及總統候選人深思的一個課題。

在國際政治的棋盤上，小國既沒有孤注一擲的本錢，也沒有舉足輕重的地位，更不可能扭轉殘酷的強權外交。超過自己實力的發言與舉動，就被認為是麻煩製造者。台灣已經擁有了這個並不光彩的稱呼。

在與對岸的僵持中，西方評論家認為時間站在台灣這一邊。維持「一個中國」的模糊，等待大陸內部的改變（國際化、民主化……），是台灣目前最好的策略。八月下旬來台北訪問的《紐約時報》專欄作家佛里曼（Thomas L. Friedman）則一再以「躁進」（reckless）評述「特殊兩國論」。

下棋的最佳防禦也許就在不輕易落子，更不能落差一子，全盤皆輸。經過十二年的棋賽，我們這邊將會出現一位新「棋王」，明年五月他將面對的是一個支離破碎的殘局，還是實力穩固的新局？我的預測是：兩岸僵局與外交困局正等待著這位新領導人。

以大格局破僵局

仔細觀察這些年來政府的外交走向，從動機方面來看，是要突破、要走出去、要有尊嚴；從實際成效來看，則是憂多於喜、成本高過收益。我們今天之所以還能屹立於國際社會，實在是靠經濟上的「台灣優勢」，而非外交上的「小國突破」。

兩岸關係演變到今天的僵局，北京與台北的領導人，都要負最大的責任。國際上的冷戰已經結束十年，但兩岸的關係在起起伏伏之中，又回到「親者痛仇者快」的軍事緊張與軍火採購。

中國大陸為了要做「區域強國」，當然要擴充軍備；而台灣則為了怕中共對台獨（不是「台灣」）用武，去年花了一千億以上新台幣購買防禦性軍火。任何一個有常識的選民，就要嚴厲地責問民代及首長：難道這就是台灣唯一的選擇？

不斷地講重話，不斷地關係惡化，不斷地採購軍火；或者是兩岸善意交流，關係改善，追求雙贏。

當然台灣人民看得一清二楚，中共當局的霸氣，以及大氣度與善意的缺乏，始終無法啟開兩岸雙贏之門。

二十世紀末最大的悲局是：兩岸的中國人不僅不肯幫中國人，還互相在「獨立」與「統一」的混淆之中，走近戰爭。台海上空，如果雙方戰機擦槍走火，將是每個人的夢魘。

只有兩岸出現大格局的領導人，才能化危機為轉機。明年三月台灣的總統選舉提供了一個轉捩點。擁有大格局的領導人，不靠權謀求獨立，不靠武力求統一；不做亂世之梟雄，不做戰爭之英雄。

在台灣這一邊，擁有大格局氣魄的領導者，必須先要擁有沉穩、包容、理性、大愛、看得遠、算得準的性格與經歷。

過去十餘年來的台灣惡質選舉，已經產生了一些好鬥、愛作秀、高亢激動、自我標榜的政治人物。千萬不要在劣幣可能驅逐良幣的選舉文化中，讓冷靜的、有所不為的、怯於表演的、擁有大格局思考的人退縮。領導人要得到人民尊敬，必先具有能使人民尊敬的領導風格。

一九九九年九月號《遠見》雜誌

第三部

陳水扁總統執政
（二〇〇〇～二〇〇八）

當前的台灣有兩個：一個是正在邊緣化的台灣，一個是急待奮起的台灣。

造成邊緣化台灣的元素是——內有內耗性議題一個接一個地操弄；財經、民主、環保、教育等重大政策一個又一個地空轉；兩岸關係一件又一件地僵持；廉能政治一次又一次地落空。

外有全球化的風起雲湧，與中國大陸經濟快速崛起，二者都對台灣在世界舞台上的地位造成衝擊。內外形勢的惡化，造成了人民、企業、外商束手無策。

28 以陳水扁總統第一年執政困境為戒

當陳總統堅持以民進黨的意識型態主政時，
他變成了一黨領袖，而非一國領袖；
他所推動的是一黨黨綱，而非一國國策。
此外，長期擔任立委及反對黨領袖的
作秀心態、討好心態、對抗心態與選舉心態時時浮現，
也減少了大量選民與知識份子的認同。

新總統的歷史性機會

這真是世紀之交的中國大事：一位本土四十九歲的台灣人，擊敗了在台灣執政五十多年的國民黨。一方面這是民進黨及陳水扁先生的勝利，另一方面也是民主政治在台灣逐漸扎根的勝利。

國民黨的總統李登輝，在五月二十日交出政權的剎那，總統府的上空，既有豔陽，也有烏雲。「政權和平移交」是他的承諾，是民主的豔陽；「政黨被唾棄」是他的紀錄，是國民黨主席一生揮之不去的烏雲。

選出的新總統陳水扁先生，面對內部急需的各種改革以及僵持的兩岸關係，必須要展現他前所未有的氣度，延攬各方人才，虛心地認清自己是一個沒有獲得六〇%選民支持的弱勢總統。在西方政治所謂的「百日蜜月」期中，新總統要用心地理順府院關係、族群關係、媒體關係；放棄選舉的語言，以實際的作為來贏得全民的信賴與對岸的善意。

觀察一個新總統日後的成敗，一個重要的線索就是看他當選以後，是否還陶醉在「選」總統的過程中，處處想得到群眾的掌聲；或者是他立刻清醒過來，在認真地「做」總統，事事在做痛苦的決定。

兩岸關係是試金石

兩岸關係正是一個試金石。以民意為後盾，追求台灣獨立？或是以理性為後盾求兩岸雙贏？

如果因為兩岸情勢緊張，引發軍備競賽，政府動輒花數百億新台幣去做武器採購，將會持續帶來對其他施政的排擠效果，是最大的不幸。

陳先生在當選聲明中說得十分好，展現了彈性與善意：「台海的和平與穩定，是雙方人民共同的期待。未來，我們願意以最大的善意與決心，進行全方位、建設性的溝通與對話。在確保國家安全與人民利益的前提之下，我們願意就兩岸直接通航、通商、投資、和平協定、軍事互信機制等各項議題進行協商。我們也誠摯地歡迎江澤民先生、朱鎔基先生以及汪道涵先生能夠來台灣訪問。阿扁與呂秀蓮也願意在就職之前，前往中國大陸進行和解與溝通之旅。」

我在二〇〇〇年一月《遠見》雜誌〈讓兩岸雙贏在千禧相逢〉[2]一文中曾經呼籲：「公元二〇〇〇年是中國的龍年，讓北京領導人抛出『大膽讓步』，讓台北的新領導人『大愛回應』。」

北京的「大膽讓步」，可以在不預設條件下，歡迎陳先生在總統就職前訪問大陸，陳先生的「大愛回應」，也可以立即回歸到「一個中國，各自表述」的原則。

雙方互訪的議題就可從「三通」及和平協定開始。

事實上，大陸當然一定會堅持：除非新總統當選人或李遠哲先生宣布民進黨放棄「台獨黨綱」，以及國民黨的「兩國論」，大陸是不可能邀請他們往訪，也不可能走上談判桌。這就是今天兩岸的弔詭，也是民進黨總統當選人面臨最嚴峻的考驗。

[2] 編注：詳見本書第七一頁。

六〇%沒有支持陳先生的選民，絕不願意看到兩岸因台獨立場，使僵持情勢升高，引發任何戰爭的可能。「黑金誠可怕，生命價更高」，如果政黨輪替使選民相信民進黨最有打擊黑金的能力，那麼郝柏村先生說得真切：「政黨可以輪替，統獨不可輪替。」

總統應當記住他當選的主要原因，不是選民支持他的台獨訴求，而是因為國民黨的腐敗與內部的分裂。而國民黨內部的分裂，不是統獨之爭，而是李主席的一手主導。

對這次總統大選產生臨門一腳功能的李遠哲院長，務必要善用自己所有的影響力以及道德責任，說服新總統及民進黨在最短期間修改台獨黨綱。當民進黨是在野黨時，台獨有它一定的吸引力；但是當民進黨變成執政黨時，台獨黨綱的貫徹，將會產生無比的災難，不僅中共、美國官方會全力反對，至少六〇%的選民也會反對。「弱勢總統」可以名正言順地在尊重大多數民意下，要求民進黨做出這樣包容與善意的修正。

對大多數的人民來說，黑金的可怕，不是它影響到大多數的實際生活，而是腐蝕社會的公平、正義、是非與效率。但是，兩岸情勢的不穩定，卻對每一個人產生實際的影響：從股市散戶、台商投資、一百五十億美元順差，以及新一波移民潮……。

李登輝執政十二年的最大成就是「民主化」，但也就是在民主選舉中，受累於黑金的持續擴散，選民埋葬了他所領導的國民黨政權。與其說他是和平移交政權，不如更正確地說，他終結了國民黨。

總統當選人陳先生有他的政治智慧及群眾魅力，如果他決定要做全民的總統，讓我們誠懇地向他呼籲：盡早修正民進黨的台獨黨綱。這樣的調整，將使兩岸展開雙贏契機，也會把新總統帶到歷史的新高點。

二〇〇〇年四月號《遠見》雜誌

29 台灣經濟的四重夾殺

在中國歷史上第一次政權的和平轉移，不幸地立刻帶來了一次迫在眉睫的經濟風暴。這是必然的代價？還是偶然的陣痛？說它完全是新政府罪過，似乎太沉重；說它完全是舊政權的後遺症，那就太失真。

當政了七個多月的陳總統，至少要肩負起最多的責難。當一切的榮耀投射給他時，一切的後果自應由他來承擔。把今天的經濟衰退歸咎於國際因素與非經濟因素，只能反映出他的辯才；推動具體的政策，產生實際的成效，才能凸顯一個總統的擔當。

對台灣選民最不幸的是，由於政策翻案（如核四）、方向模糊（如工時案），又把錯誤的政策認真執行（如股市護盤），再加上行政院與立法院的衝突，二百餘天來，幾乎無一天不出狀況，無一天不令人提心吊膽。政策「不確定」、社會「不安定」、人民「不放心」，變成了新政府揮之不去的新商標。

國民黨在台灣五十年構建的經濟實力，很難想像在民進黨這麼短的執政時間內已一瀉千里。當前的經濟情勢是，失業率創新高、股市下跌創新低、外銷減為個位數成長、台幣貶值、二〇〇一年經濟成長率會低於六%、國內投資下降、去大陸投資驟增……。

國民黨執政期間，雖然敗象叢生，但人民還可以活得好；即使民進黨新手上路，也不應當把經濟弄得這麼糟！

四重夾殺

再深一層分析，政策的不確定、社會的不安定、人民的不放心，是來自四種相互激盪的夾殺。

(1) **左右夾殺**：「左」是指政治上的「亂」，「右」是指經濟上的「衰」。

「亂」自憲法上對行政與立法權責的不清。總統權重而責少，行政院長權少而責重；當總統來自立院少數黨時，與立院占多數在野黨的互動立刻陷入僵局，產生「令不出總統府，法不出行政院」。政治上的「亂」立刻觸發，以及加快了經濟上的「退」。廢核四是一個重大決策可以隨時大轉向的大警訊。如果今天是核四，明天不會是高鐵的停建？後天不會是終身俸的削減？

當政治上的獨見裁決經濟活動時，投資者的信念就會立刻倒退，政府的公信力就會立刻打折扣。

(2)**聯合夾殺**：是指經濟因素（如失業率上升、競爭力下降……）與非經濟因素同時惡化（如勞資對峙、環保抗爭……）所形成的聯合力量，造成了經濟成長率的加速下降，以及全面悲觀氣氛的瀰漫。

在台灣「經濟奇蹟」的過程中，經濟因素一直相當穩定；非經濟因素則在近二十年時時產生了抑制成長的影響——如行政效率不彰、基礎建設不足、法令訂定不快。

⑶**內外夾殺**：是指新政府內有民進黨內各派系的牽制，外有在野黨的集體對抗，使政策無從推動。政治本來就是零和遊戲，在少數黨執政的現實下，就不得不妥協！如果執政黨不肯妥協，又缺少誠意，那麼政策停擺就變成了必然的結果。

⑷**自我夾殺**：在重大政策上，當陳總統堅持以民進黨的意識型態主政時，他變成了一黨領袖，而非一國領袖；而他所推動的是一黨黨綱，就非一國國策。當這種「對黨的忠實」一再出現時，就變成了政治舞台上的自我夾殺。此外，長期擔任立委及反對黨領袖的作秀心態、討好心態、對抗心態也時時浮現，減少了知識份子的認同。

因此，這不是危言聳聽：陳總統面對的不是三個反對黨：國民黨、親民黨、新黨；還有兩個潛在的反對勢力：民進黨，以及他自己。

如何突破夾殺？

上述的四種夾殺是如此地真實、如此地嚴峻，但我並不過分悲觀。因為瞭解陳總統的朋友總是說：他聰敏、務實、反應快，也能夠聽別人建言。因此，我就期盼，在那關鍵的一刻，總統就能在一念之間，立刻做出這些決定：

(1)**台灣的經濟前景取決於政治**。只要經濟歸經濟，經濟就會有生機；只要政治上的意識型態不支配經濟活動，不確定的因素就可以減少到最低。

(2)**台灣的政治安定取決於憲政**。這一部殘缺不全的憲法，是無法維持國家的安定與發展；再一次的修憲，變成了「必要之惡」。

(3)**台灣全體人民的福祉取決於兩岸協商**。沒有穩定的兩岸關係，就沒有安定的台灣。以「拖」待變，是舊政府時代自以為是的小聰明、小格局。當大陸經濟每年以全球最高成長率發展時，時間怎麼可能站在台灣這一邊？以「變」應變，才是新政府可能開創的新局。

一九七二年，在東西冷戰嚴峻的年代，最反共的尼克森，敞開了與中共建交之門；進入二十一世紀，有台獨黨綱背景的陳水扁，為什麼不可能敞開兩岸協商之門？

(4)**以「變」應變，是要朝向修正戒急用忍，開放三通的大方向**。我敢斷言，大三通實施之日，就是台灣經濟另一波躍升之時。面對WTO即將同時進入，我們台灣沒有理由再對這種兩岸雙贏之事拖延。陳總統於元旦提出的兩岸建立統合新機制，以及推動小三通，是良性應變的第一步，值得肯定。

(5)**不論兩岸協商進展如何，新政府拿出勇氣裁減部分國防支出，用以投入教育與研發**。在知識經濟時代，再不大量投入教育體系就會後悔莫及。今天大陸重點大學北大與清華等校的預算，已超過我們的台大、清大。

(6)**決定台灣國際地位的要素是競爭力，不是武器採購所形成的軍力**。二○○○年台灣全球競爭力從第四名跌落到十一名，根據「瑞士世界經濟論壇」的評比，主要是資本市場不夠開放、政府法令規章不夠周延、股票市場內線交易規定不嚴格、財政赤字不減反增等。這就是再度提醒我們，全球化下的競爭是「經濟優先」。

確立四個施政主軸

現在讓我就表（見下頁）中所提出的「改善方向」與「政策考量」提出進一步的說明。

(1)**經濟優先**：新政府最重要的兩項施政，就是內求經濟成長，外求兩岸關係穩定。所謂「經濟優先」，即在指出它要凌駕於民進黨的意識型態之上，以及個人政治利益考量之上。台灣迫切需要的不是「台灣第一」，而是「經濟優先」。

日本經濟十年來一蹶不振的根本原因，根據波特（Michael Porter）教授新著《日本還能競爭嗎？》（*Can Japan Compete?*），即是日本政府不斷干預經濟活動，造成了競爭力的嚴重下滑。政治人物一定要得到教訓：處理經濟事務，多相信市場機能，少相信意識型態。

陳總統面臨內部「四重夾殺」及突圍之道（表）

四重夾殺	產生後果	改善方向：確立四個主軸	政策考量
(1)左右夾殺 •「左」指政治之「亂」 •「右」指政治之「衰」 (2)聯合夾殺 • 指經濟指標衰退與非經濟因素同時惡化 (3)內外夾殺 •「內」指民進黨內派系鬥爭 •「外」指在野黨勢力對抗 (4)自我夾殺 • 作秀心態 • 討好心態 • 對抗心態 • 意識型態	• 股價下跌，財富縮水 • 投資下跌，產業外移 • 企業呆帳上升，銀行壞帳比率上升 • 台幣貶值 • 失業上升 • 外銷成長下跌 • 赴大陸投資增加 • 經濟成長率下降 • 政府稅收下降 • 人民消費下降 • 民眾信心下降 • 企業出走意願增高 • 企業倒閉增加 • 犯罪增加 • 金融風暴逐漸形成 • 陳總統、張內閣、民進黨的民調聲望下降	(1)確立台灣「經濟優先」主軸： • 回歸憲政精神 • 經濟放中間，政治放兩邊 (2)確立全民利益不可分割主軸： • 重振經濟基本面 • 提升全民信心 • 去除政治干預 • 緩和各種勢力鬥爭 (3)確立黨內融合朝野雙贏主軸： • 內部要敞開大門，融合派系歧見 • 外部要敞開心胸，謀求朝野妥協 (4)確立府院團隊實事求是主軸： • 自我調整，堅持府院團隊 • 多做事，少作秀 • 多求好，少討好 • 多協商，少對抗 • 多務實，少教條	(1)經濟層面 • 加速推動公共建設，擴大內需 • 逐步減少股市護盤及呆帳 • 承諾不再決策大轉彎 • 金融改革加速推動 • 全力資助提升競爭力的各種措施 • 展開新一波的外人來台投資 • 積極發展策略產業（如電信） • 政府投入知識相關產業（如教育與研發） • 勇敢地推動「長痛不如短痛」的治本之法（如股市護盤） • 打擊利益輸送、黑金政治 (2)非經濟層面 • 設法減少泛政治化的持續擴大 • 口水戰要先從府院黨團內消滅 • 不能「各吹一把調」，缺少政策主軸 • 不再空開施政支票（如十年Taiwan Double） • 果斷地削減軍費，移向科技教育部門 (3)兩岸關係 • 修正戒急用忍 • 積極鬆綁，有效開放 • 開放大陸三通 • 推動全面交流（包括中資來台）

(2)**全民利益**：陳總統所追求的，不是四〇％選他的選民的利益，而是全體人民的利益。如果核四續建有助於經濟成長與社會安定，如果大三通有助於經濟優勢的拓展，那麼全民利益的考慮就要壓倒民進黨黨綱的主張。行政院宣布恢復核四興建（二〇〇一年二月十四日），算是一個遲來的補救。剛卸任的美國總統柯林頓，在第一任的期中選舉失利後，以及競選第二任連任時，他就修改民主黨偏左的政見，靠向中間主流，贏得民心。陳總統必須要以全民的利益，來說服民進黨內的反對聲音。

(3)**朝野雙贏**：島內的黨派內鬥與兩岸之間的內鬥，已經消耗了太多的資源。如果執政黨與在野黨不能在全民利益下，各讓一步，或者分享權力，則台灣的政局永無寧日，台灣的民主也就永難生根。

(4)**實事求是**：從對抗的反對黨變成要妥協的執政黨，確實需要做各種調整。具體地說：多做事，少作秀；多求好，少討好；多協商，少對抗；多務實，少教條。

如果執政的民進黨真能做到這些，年底的立委選舉與三年後的總統大選，都會產生好結局。

政策考量

按道理說，經濟問題要用經濟手段來解決，可是當前台灣經濟困境來自政治因素多，經濟因素少。要拿經濟手段刺激經濟（如減稅、增加公共支出），即使政策正確通常也要半年之後，才能產生實效。正因為當前的台灣是政治傷害到了經濟，陳總統只要做出正確的政治決定，台灣經濟就可以立刻反敗為勝。這是令剛上任的美國小布希總統（George W. Bush, Jr.）都要羨慕的。

所謂政治上正確的決定，就是要能重建海內外投資者的信心、人民安居樂業的信心，以及贏取六〇%沒有投他票的人民的心。在附表列舉的政策考量中，最需要立刻推動的即是：承諾不再決策大轉彎；展開另一波吸引外人來台投資；果斷地削減軍費，移向科技、教育、研發；修正戒急用忍；開放大三通；推動兩岸全面交流。

不能再有閃失

儘管不到四〇％的選民選了阿扁總統，但不會有一個選民只希望總統的年終績效也只有四十分。

陳總統是全體人民的總統，因此，不論當時有沒有投他一票，我們都誠心地希望他做一位有政績的、眾望所歸的、開創新局的總統。

⑴有人說：「性格」決定「命運」；我要補充：一個人的「性格」，更決定他所嚴格要求的「規格」。

⑵有人說：「態度」決定「高度」；我要補充：一個人的「厚度」更決定「高度」。

⑶有人說：「討好」容易，「求好」難；我要補充：「求好」難，「做好」更難。

⑷有人說：「格局」決定「結局」；我要補充：只有「大」格局，才會產生「好」結局。

(5)有人說：執政黨「有心」而「無力」，在野黨「有力」而「無心」；我要補充：只有同心協力，才能增進人民的福祉。

陳總統已經錯失了「蜜月期」，邁入二十一世紀的第一年，千萬不能再有閃失。

二〇〇一年一月六日發表於《聯合報》

30 台灣經濟如何再現生機

不易成功的 Double

行政院長張俊雄於二〇〇〇年十一月初雄心萬丈地宣布，十年後（二〇一〇年）台灣平均國民生產毛額加倍，提出了「Taiwan Double」的響亮口號。可惜的是，這是不切實際、難有成功機會的宣示，無益於政府的信譽，平添了一張無法兌現的政治支票。

簡單的七十法則

加倍所需的年限＝70／每年成長率

先介紹一個粗糙的計算公式，通稱「簡單的七十法則」（見右表）。

(1)如果每年成長率為七％，十年可以加倍。

(2)如果每年成長率為五％，十四年才能加倍。

(3)如果每年成長率為三・五％，二十年才能加倍。

因此，行政院真的認為今後十年每年平均會有七％的成長嗎？（事實上，一九九五年至一九九九年間，實質的經濟成長率為五・八％，二〇〇〇年預估為六・三％，二〇〇一年預估為五・七％。）

一九九五年時李前總統亦意氣風發地宣示，到二〇〇〇年時，台灣的平均所得要由一萬兩千美元提升到兩萬，結果也是一張空頭支票。不要說這些承諾在事實上不可能；更重要的是，當每人所得已超越一萬三千美元，台灣已是「高所得經濟」時，應當追求五%上下的適度成長，不宜付出極大的社會成本（包括資源的過分使用、環保品質的難以改善、通貨膨脹的威脅、勞資關係的緊張……）來追求七%的高成長。

西方媒體中出現的 Trouble

當前新政府所面臨的問題真是千絲萬縷：信心問題、執行能力問題、意識型態問題、兩岸僵局問題、核四問題、金融問題，與在野黨對峙問題……。

總體經濟面來看，當務之急自然是要嚴格檢討三個國外重要媒體的悲觀評估：

(1)英國《經濟學人》（二〇〇〇年十一月十一日）報導，由於台灣股價與房地產大跌，銀行壞帳升高，因此而誘發的金融危機，最快可能在二〇〇一年一月春節前引爆。

(2)美國《商業週刊》（二〇〇〇年十二月一日）報導，在台灣的銀行呆帳比率，根據獨立機構的估計，可能高達一五%，雖不致發生金融危機，但政府要強迫銀行持續資金紓困將更為艱難。

(3)美國《紐約時報》（二〇〇〇年十二月五日）大幅報導三大厄運衝擊台灣：政局不安、高科技外銷不振、銀行潛在危機。文章指出，官方認為呆帳比率不構成威脅，但一些分析師認為呆帳可能高達一〇%至一五%。在兩岸關係上，《紐約時報》更指出陳水扁政府雖誓言改革，但有重重障礙。其中之一即是大量台商湧往大陸投資，而政府難以遏止，「台灣正逐漸失血中」。文章最後以「一個扎扎實實的風暴已經成形」結束。

即使官方一再澄清及批評這些西方媒體的悲觀預測，關鍵是新政府到底有沒有解決這些問題的能力？到目前為止，半年以來，還沒有看到一件可以令企業界與人民折服的具體政策。

即使近週以來，仍是政策混亂：暫緩軍公教調薪、工時翻案、股市護盤、核四停建餘波不斷。

如果無法逐一解決這些trouble，國民所得怎能double？

新政府不能Fumble

此刻正是美式足球進入季後賽的緊張時刻。一個身價數百萬美元的明星球員，如果在接球的剎那，不幸失手掉球（即所謂fumble），他自己將終身飲恨，整個球隊也可能與冠軍失之交臂，萬千球迷將痛不欲生。

半年以來的新政府團隊，一再失手丟球，使親者痛，仇者快。讓我引述《遠見》雜誌對「台灣科技精銳二〇〇大」所做的「新政府施政滿意度調查」（見《遠見》雜誌第一七四期）：

(1) 五成七對陳總統總體施政「不滿意」。
(2) 五成五對台灣投資展望「不樂觀」。
(3) 五成三對台灣前途「不樂觀」。
(4) 五成六會「增加」國外投資，二成六會「減少」國內投資。
(5) 七成在對外投資時選擇「大陸」。

(6) 五成七認為影響今、明兩年營運的主因是「景氣衰退，需求減緩」。

此一民意正反映出新政府必須要在最短期間設法振奮人心，扭轉頹勢。

我認為只要推動兩大原則，台灣就有轉機：

第一個原則就是全面修正意識型態主導決策的心態，讓經濟歸經濟，黨綱歸黨綱。剛當選的小布希在聲明中有兩句話可提醒民進黨：「我不是被選上為一黨服務，而是為一國服務。」

第二個原則是必須盡早修正「戒急用忍」的策略，以及盡早開放三通。不要再誤認在兩岸關係上「以拖待變」是上策，實際上正在蠶蝕台灣的實力，以及錯失雙贏的時機。

在這世紀之交，只要政治不再主導經濟，只要兩岸僵局能夠及早突破，台灣就會再度立刻展現無比的生命力與競爭力。也唯有這樣，五十年來台灣人民所編綴的「經濟球」，才不會在陳總統的手中閃失而跌碎。

二〇〇一年一月號《遠見》雜誌

31 經濟是真正不可動搖的國本

「品質保證」落空

我們這些長期關心台灣經濟發展與政治民主的知識份子，多麼希望政黨輪替後的民進黨真是「綠色執政，品質保證」。令人失望的是，向來考第一名的陳總統，在一年執政之後，向兩千三百萬人民繳出了一張不及格的成績單。試列舉近日以來的一些報導：

(1)《中國時報》報系民調指出：陳總統及張院長的施政滿意度，分別為四成六及三成八；對財經首長的評價則更低，僅三成。

(2)荷蘭銀行預估：台灣今年經濟成長率僅二・九％，不是官方的五％上下。

(3)美國商會於五月上旬在發表的《2001台灣白皮書》中率直指出：在台灣的外商對台灣政治穩定缺乏信心，對台灣經濟環境滿意度正逐年看壞中；同時也指出台灣金融體系有諸多弱點，但新政府對經濟問題持觀望態度，對外商的諮詢也在減少中。

經濟是命脈

不及格的兩門主科是經濟與政治。新政府沒有立刻體會到：經濟事務處理不妥，會引起信心危機；政治權力不加約束，更會帶來多重惡果。

二十年前的六月一日，《天下》雜誌創刊，創刊的一個主要使命，就是鼓吹台灣經濟優勢的重要。因此在〈經濟是我們的命脈〉的創刊詞中，我在第一段就指出：「二十年來中華民國最令人驕傲的成就，就是透過了經濟的快速成長與財富的均衡累積，人的生活得以再改善，人的價值得以再肯定。沒有快速成長的經濟，就不可能來改善人的生活……」

二十年後的今天，台灣更自由、更民主、更小康了；但最大的不幸是台灣在民主的潮流中更「政治化」了——一切以選票做考量，以個人得失做考量，以擊敗對手做考量，以意識型態做考量。因此，私利超越了公利，黨派利益超越了全民利益，短線政策操作超越了長期政策效果，其結果是失去了威權時代中的秩序與分寸，造成了今天多元社會中的混亂與不安。

民進黨的創黨大老以生命與牢災為老百姓爭取到更多的民主，老百姓在二〇〇〇年五月也以政權轉移做了回報，沒有想到的是，此刻還要持續以失業率上升、經濟成長率下降、治安不安、移民上海……來做為支付民進黨新手上路的學費。

政治是石頭

專攻法律的陳總統與張院長，是當前主導台灣走向最重要的政治人物，應當嚴肅思考下面我提出的四點觀察：

(1)凡是以政治勢力，尤其以意識型態主控經濟決策，經濟勢必衰敗，例如冷戰時代的蘇聯、經濟開放前的中國大陸。

(2)凡是政治勢力與大財團商業利益掛鉤，經濟運作尤其是金融體系，一定在利益輸送下喪失競爭性與公平性，如日本、泰國、韓國，以及李登輝時代的國民黨。

(3)凡是政治人物活躍於商場、凡是商界「大老」活躍於政壇，必然反映出國家法律與道德已敗象畢露。政商勾結的結果，遲早會在黑金政治下斷送政黨及個人的政治生命。

(4)凡是小圈子內的、酬庸性的人事任命，一再出現於中央部會、國營事業、金融機構、財團法人、政府研究單位……在外行領導內行之下，決策遲早會出大毛病。

當前阻擋陳總統理性決策的最大障礙，是來自政治上意識型態的考量。大前研一講得率直而透澈：台灣內部不應再持續政治內耗；從經濟角度切入，台灣大三通的腳步要快；不再直接投資對岸，產業競爭力將逐漸消失；勿讓開放三通與否繼續成為政治辯論題目。

在可預見的將來，「大三通」與「戒急用忍」仍然是政治上的難題，「政治」就變成了厚植台灣經濟優勢不折不扣的石頭。當經濟小龍處處碰到政治石頭時，小龍只能倉皇出走。

一九九八年諾貝爾經濟學獎得主，印度的沈恩（Amartya Sen）教授在《經濟發展與自由》(*Development as Freedom*)一書中強調：在市場經濟運作過程中，政治勢力要遠離經濟領域。這就是為什麼大家一再要說：「多一分經濟，少一分政治」，「政治歸政治、經濟歸經濟」。

三大優先與三場考試

在就職週年電視談話中，陳總統指出：「進一步落實『台灣優先』、『經濟優先』、『投資優先』的三大優先政策。」

這真是一個有遠見的宣示。但我必須立刻補充，它正確的次序是：先有政治穩定，才有社會安定；有了這兩個安定，才能逐步追求投資優先與經濟優先；也只有達到了這兩個的優先，才會追求到「台灣優先」。

我們兩千三百萬人民不要失望，四年任期等於四次考試。善於考第一名的陳總統，要如何在剩下的三次中反敗為勝？最重要的是，把兩門主科經濟與政治修好。「經濟」要相信專業判斷；「政策」要轉換方向。陳總統要善用其政治智慧及政治力量，來推動一個安定的、進步的投資環境與生活環境。

務實的陳總統不應當再是台獨意識型態的堅持者，一年的堅持已經可以向他的選民有了交代，其他六〇%沒有投他一票的選民，正急切等待陳總統以「全民利益」替代「意識型態」，進一步讓「政治石頭」變成「政治推手」，那麼台灣的經濟與兩岸的交流就會再現雄風與出現生機。

新政府經過一年的折騰，現在終於體會到：「政治」可以載舟，也可以覆舟；「經濟命脈」則是國本，國本不僅不可動搖，且要全力深耕。

二〇〇一年六月號《遠見》雜誌

32 三個「三分之一」拖垮了台灣

新手仍走舊航道

半世紀以來，台灣經濟奇蹟的光輝，在李登輝執政的最後四年，已經大幅褪色；而啓動衰敗的主因，即是官商勾結、財團囂張及黑金政治。當時台北政壇與商界的景象是：那些政治顯要與那些商界聞人一起球場揮桿，一起飲酒高歌，一起闢室密談，一起投資套利，一起相互拉抬，變成了政治權勢與經濟利益相互掛鉤的命運共同體，社會的公平與正義蕩然無存。

這幅官場現形記終於激怒了中產階級與沉默的大多數，對李登輝主政的十二年算了一次總帳——結束了國民黨的再執政。

這段痛苦的追述，只是想說明：台灣的沉淪不是始於新政府。令人難以置信的是，新手領航，居然仍是順著老船主與財團利益掛鉤的舊航道前進。我們只能說，再不立刻改航，這條船就會很快碰上觸礁的災難！

三個「三分之一」

一位國際著名的危機處理專家，研判了台灣的財經情勢以後，嚴肅地告訴我：「台灣的問題出在大量資金沒有做有效的運用。」這真是一針見血的看法。如果仔細觀察六年來（李前總統的最後四年與阿扁政府十四個月）政府部門的績效，我們就大概可以做一個粗略的估計：

(1)施政優先次序中，至少三分之一的政策是錯置的。

(2)社會上的資金（尤其是來自政府部門與銀行借貸的），至少三分之一是沒有用在「對的」、「生產性的」支出上。

(3)高層官員與民意代表的時間，至少三分之一是花在內鬥、內耗、口水戰，以及不必要的應酬上。

以施政優先次序為例，對「戒急用忍」、「三通」不通的堅持，所產生的後遺症早已超越民間能負荷的地步，但政府置若罔聞；大量的武器採購所產生對教育經費的排擠效果，也已經使政府推動知識經濟變成了空洞的承諾；至於核四停建風波、週休二日、津貼、更換中鋼董事長等，無一不反映出「政治壓倒經濟」，也壓倒了政策的優先次序。

以資金使用為例，近年金融系統中的超貸、呆帳、利益輸送，已經埋下了無數顆地雷。透過政商關係而獲得的超貸，鮮少用於正途，因而產生的呆帳，也難以追回。升斗小民都知道——老百姓借小錢，老百姓怕銀行；財團借大錢，銀行怕財團。財團逾期還不了貸款，可以延期、可以減息、可以再借，小老百姓行嗎？

倡導民主政治的西方專家，對台灣選舉的四種現象大為驚訝：(1)各種選舉的頻繁；(2)當選人數的眾多（如立委）；(3)選舉經費的龐大；(4)選舉舞弊的眾多。

尤其為了要贏得選舉所需的巨額資金，變成了政治與金主勾結的溫床。至於環繞於每一項重大公共工程的圍標、回扣、貪汙、作弊……更是駭人聽聞！很多人認為，三分之一的工程款項就沒有用在工程本身上。

以官員與民代的時間使用為例，他們花了太多時間在作秀、在開會、在應酬、在鬥嘴；太少時間在正務上。每天晚間電視上出現的那些政治叩應節目中的「明星」，就是一場作秀比賽！

選民的標準

在這麼一個高度競爭的世界，如果台灣社會持續地犯這三項錯誤：

(1)政策沒有做對。

(2)資金沒有花對。

(3)時間沒有用對。

其綜合結果當然是台灣競爭力衰退，台灣社會沉淪。

上面三項錯誤之所以發生，主要是因為不尊重專業，外行領導內行，讓「泛政治化」的思維與作風深入政府機構與民間部門。

當前新政府中大多數的人事安排，是難以令人滿意的。這是一年多來政權移轉，選民所付出的昂貴代價。

在討論到我們過去的「經濟奇蹟」時，我們常以有人才、有經驗、有資金而自豪；二十一世紀的第一年，尤其面對對岸的持續改革與高度成長，我們不禁要問：我們現在的人才在哪裡？我們的經驗還管用嗎？我們的資金是否已經大量外流？外來的資金是否已不肯進來？

獻給「不」讀書的人

為了要挽救三個「三分之一」帶來的沉淪，全面提倡「讀一流書、做一流人」是一個有效的方法。聯電董事長曹興誠送贈「天下遠見讀書俱樂部」的幾句話值得推廣：「不讀書無法從政，不讀書無法經商，不讀書無法做人；故不讀書，不唯言語無味、面目可憎而已。」《聯合報》社長張作錦也語重心長地指出：「一個一流社會絕不是二流人能造成的。可是，只讀二流書就不可能成為一流人。」

在郝明義創辦的《網路與書》（*Net & Book*）雜誌書中，做了一個最新的台灣讀書調查，其中一項數字指出：接近四〇%的人在上個月沒有讀過書。這真是駭人聽聞，也直接呼應難怪社會上有這麼多人「不唯言語無味、面目可憎而已」！

蒐集了近年來自己談讀書的短文結集成書，取名《讀一流書・做一流人》，並且專門獻給「不」讀書的人！

「不」讀書的朋友會看到我這本小書嗎？

二〇〇一年八月號《遠見》雜誌

33 兩個台灣

要細密頭腦，不要草莽性格

當八〇年代不可一世的「日本第一」，突然在九〇年代一蹶不振時，波特教授提出了一個令人深思的解答。這位哈佛學者說：日本有兩個，一個是外銷經濟的日本——低成本與高效率；另一個是內需經濟的日本——落後、保守且受到保護。西方人只看到外銷日本的效率，沒想到內需日本的保守，拖垮了日本經濟。

我現在要說：世界上也有兩個台灣。一個是快速沉淪的「公家」台灣，另一個是難以提升的「民間」台灣。「公家」台灣為了權力所做的無休止鬥爭，正與

「民間」台灣為了財富打拚所投入的心血，形成鮮明對比。

「公家」台灣是指中央主導的政府部門，「民間」台灣是指以企業為主力的私人企業。新政府執政以來，公部門決策的粗糙與粗魯——從股市護盤到核四廢建——已使公信力蕩然無存；私部門中的企業家面對朝野對抗升高的弔詭氣氛，已出現了兩個驚心動魄的現象：一是人人感到自危，二是個個都想出走，其綜合的效應是：無商不「艱」。

一向少涉政治的高科技界，最近重量級的企業家一個又一個公開批評當前短視、零亂、保守的財經與兩岸政策。

一直受到世人稱讚、最具活力的「民間」台灣，在此一時刻，正被少數政治人物的意識型態所主導的「公家」台灣拖垮中。這就是說：「政治台灣」已經壓倒了「經濟台灣」。

市場經濟運作關鍵是經濟歸經濟，政治歸政治。當意識型態主導經濟活動時，通常是不見其利，即見其弊。街頭抗爭需要草莽性格，財經決策則需要細密頭腦。

老本在腐蝕中

兩蔣年代所創造的「經濟奇蹟」，用最簡單的話來說，就是「公家」台灣一方面推行了務實有效的發展策略，另一方面構建了一個「民間」台灣可以大顯身手的投資環境，這造成了台灣經濟的快速成長與財富累積；企業家們進而不斷創造商機、厚植優勢，形成一個經濟發展的良性循環。台塑、統一、遠東、大同、台泥、裕隆、國泰、巨大……就這樣崛起。

台灣的整體實力，也就在公僕重廉能、民間有分寸，一點一滴累積而成。經國先生的嚴格要求與自律，扮演了一個決定性的角色。他的公私分明，他的不為一己之私，他的計利當計天下利，是台灣的人民最懷念經國先生的根本原因。

不幸的是，權力果真使人腐敗。李登輝執政的後期敗象叢生，難以遏止。令人痛恨的現象：黑金政治、官商勾結、利益輸送、特權橫行，正就是描述這一階段中「公」、「私」部門之間的錯亂。

「讓腐敗的國民黨下台一次」，是總統兼黨主席的李先生送給民進黨的最大禮物，伴隨這個大禮的，還有五十年來全體人民打拚所累積的老本。這個老本目前正在快速地腐蝕中。

還在選總統，不在做總統

投票前夕，李遠哲院長提醒全台灣選民：我們要政府向上提升，還是向下沉淪？

令人失望的是，陳總統執政不到半年，已不是新政府在提升或是沉淪的爭辯，而是為什麼「公家」台灣沉淪得如此快速而全面，快速得令人難以置信？

但是，陳總統一定要省思「公家」台灣犯了什麼錯？出了什麼毛病？使「民間」台灣陷入這樣的困境？我提供四點觀察：

(1)執政團隊有作秀的本領，缺少解決問題的能力。

(2)一言一行還是在競選總統，而不是專心無私地在做總統。

(3)堅持畫餅充飢的政見，當作具體可行的政策，並且還堅持在絕不加稅下推動。

(4)寧可順從意識型態，不肯追隨民意主流，造成朝野嚴重對抗。

一塊大石頭

「戒急用忍」的堅持，才是新政府搬不掉的一塊大石頭。台獨意識不消除、兩岸關係不改善，「兩個」台灣就無法磨合。

面對性格強勢的民進黨領導團隊，做為愛台灣的知識份子，只有堅持自己的道德勇氣，善盡言責。

「民間」台灣是否真會被「公家」台灣拖垮，一個關鍵因素就要看在總統府裡的領導人，是否變成了民進黨意識型態下的俘虜，還是敢違反黨意，做一位全民的總統？

去掉「戒急用忍」那塊大石頭，即刻推動三通、加強交流、追求雙贏，陳總統就有反敗為勝的機會。

只要那塊石頭擺在中間，「兩個」台灣就會愈行愈遠，「一個」中國就會愈來愈近。

二〇〇二年十一月一日發表於《聯合報》

34 陳市長給陳總統的評言

擔任總統快兩年的陳水扁先生，正面臨著民進黨執政後內外轉型的嚴峻挑戰。「內部」為總統應否兼任黨主席；「外部」為行政院三十五個部會的精簡與再造，兩者正都是涉及組織轉型與重整。對這樣錯綜複雜的大難題，很幸運的是，在他擔任台北市長時，就已提出了周延的想法與看法。

一九九八年春天，擔任台北市長的阿扁為當時天下文化出版的《領導人的變革法則》（*Leading Change*）一書，寫了一篇深入而前瞻的序，題目是〈獻給終身學習的未來領導人〉。這本書是哈佛大學商學院的著名學者科特（John P. Kotter）教授所著。

對台灣的一般讀者來說，提起杜拉克，就想到他是全能的管理學者；提起波特就想到「全球競爭力」，提起奈思比（John Naisbitt），就想到「大趨勢」，提到彼得・聖吉（Peter Senge），就想到「學習型組織」，提起科特，就想到「組織轉型」。

陳市長在序文中指出，本書對「每一位急於改革的領導人來說，可說是提供了一本最實用的教戰手冊」。

這本兩百四十頁的書，架構清晰，文字洗鍊，曾獲得「金書獎」，以及四十八位產官學界人士的共同推薦。書中就列舉了組織變革中八個常犯的錯誤：

一、自滿程度太高。

二、變革領導團隊不夠強。

三、低估願景的作用。

四、願景溝通不足。

五、放任種種障礙阻撓新願景。

六、沒有創造近程戰果。

七、太早宣布成功。

八、沒有將改變深植企業文化中。

今天如果陳總統重溫他當年讀過的這本書，一定如獲至寶。因為正是這些或多或少的錯誤，影響了新政府的執政成效。

陳市長在序言中根據科特教授提出的「改革八階段」逐一探討（見下頁表，摘自《領導人的變革法則》一書）。

對這八個步驟，陳市長特別指出：「要創造可長可久的改革，就必須靠強有力的領導來推動。」從這一論點來推測，我相信今天的陳總統既傾向總統制，也偏向接受總統兼任黨主席。

在序言中，陳市長再以台北市長的經驗為例指出：「……閱讀本書的同時，也給了阿扁一個省思的機會……沒有大家共同的全力以赴，諸多困難的市政建設根本無法如期、如質完成。這更證明：任何組織若要成功地改革，已非任何一人所獨自領導，全都得靠領導團隊。」

創造重大改革的八階段

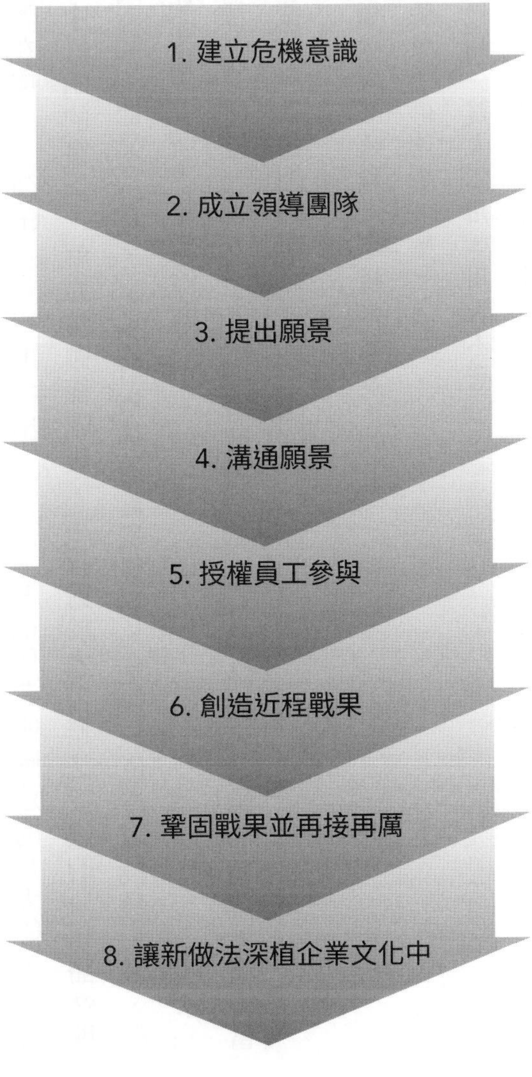
1. 建立危機意識
2. 成立領導團隊
3. 提出願景
4. 溝通願景
5. 授權員工參與
6. 創造近程戰果
7. 鞏固戰果並再接再厲
8. 讓新做法深植企業文化中

因此，陳總統也深知，除了獨自領導，還要團隊。新上任的游內閣是二十個月之內的第三個新團隊；內閣改組的頻率，正顯示總統對團隊表現的嚴格要求。

接著在序中，陳市長直率地指出：「逐一檢視作者所闡述的八大變革流程時，書中鮮明的實例，就如當頭棒喝般，讓我對於過去無法突破的瓶頸豁然開朗。」因此，他又寫著：「本書所集結的寶貴經驗，是每一位有志投身企業、政府再造的領導人所不能錯過的。」

序言中的最後一段，陳市長提出做領導人應有的條件，敏銳而精確，值得當今每一位政府首長細細體察。他指出：

- 領導人必須對未來提出願景。
- 將願景傳達給下屬。
- 做到「疑人不用，用人不疑」。
- 事權分明，言行一致。
- 賞罰分明，以贏得信賴與尊敬。

• 要以組織、社會利益為先。
• 對於任何阻礙要以誠意與謙卑去溝通化解，不計個人身段、毀譽。
• 敞開心胸傾聽、嘗試新事物、誠實反省成敗。

二〇〇二年四月號《遠見》雜誌序中也提出了最具前瞻性的警告：「領導人若無法及時改革、順勢改革，終將遭到淘汰的命運。」這段話正可用做當年陳市長送給今天陳總統的最好評言。

35 陳總統的最後一張王牌

當前的人民要「經濟」，當前的政府給「政治」。「拚經濟」正在努力，「拚政治」一直是認真地在做。

經濟壓倒政治，經濟就虎虎有生氣，企業就有競爭力，台灣才能在世界舞台爭一席之地；政治壓倒經濟，經濟就奄奄一息，企業就喪失生命力，台灣就會被邊緣化。

最近十年台灣政治的顛覆詭異，使人觸目驚心地想起毛澤東時代的大陸；最近十年大陸經濟的起飛發展，則使人觸景生情地懷念兩蔣時代的台灣。

從蘭陽之子到最後一張王牌

在民進黨執政能力飽受責難的此一時刻，「蘭陽之子」游錫堃在兩年之內變成了陳總統任內的第三位行政院長，也變成了陳總統競選連任前的最後一張王牌。他所肩負的責任何其重大，他所承擔的期望何其殷切，接任之初，立刻受到各界肯定。《遠見》雜誌在三月所公布的調查中，新內閣團隊獲得六成七的支持，游院長個人更獲得高達七成四的支持度，五成六的受訪企業也認為游內閣可以完成拚經濟的目標。

游院長在各個工作崗位上——從三十三歲當省議員開始，到兩屆宜蘭縣長、民進黨祕書長、行政院副院長、總統府祕書長，一路走來，始終專心投入，表現出色。《蘭陽之子游錫堃》（天下文化，一九九八年）一書，對他早年的從政，就有生動的描述。

李遠哲先生在該書的序言中稱讚游先生是一位「推動者與實行家」，林義雄先生稱讚他是「在政治上不斷向上發展，可是在權力的領域中，始終保有素樸踏實的人格特質」。

五種傾斜的考驗

十五年前，我曾在《遠見》雜誌寫過〈做行政院長的條件〉一文。當時經國先生擔任總統，文中指出行政院長必須擔當五大角色：國家大計的設計者、重大政策的推者、國會與媒體的溝通者、進步觀念的提倡者、意見分歧的協調者。游院長正需要扮演好這些角色，才能使新政府化危為安。

陳總統的執政，剛好過了一半。以「期中考」來檢驗政績，顯然無法令人滿意。除非陳總統及時修改他的五種決策「傾斜」，否則對今後兩年的施政，誰也不敢樂觀。

過去兩年政府在重大決策推動上、在重要人事任命上、在重大宣示上，一再出現了令人憂慮的傾斜，這也正是最近澄社諸君子所提出的核心諍言。這些傾斜可以歸納為：

(1)**做事本領弱、作秀本領強**：對政策的推動常常舉棋不定，甚至前後矛盾；但作秀一波接一波，令人眼花撩亂。

在民主國家中，很難想像新任總統在日理萬機之中，能在第一年出「首航書」，第二年出「寫真集」。做文宣的幕僚不是在「愛」總統，而是在「害」總統。

(2)**討好心強、求好心弱**：追求競選連任的政治人物，永遠相信只有「討好」才能贏得選票。這些討好就是政策性買票，就是在白吃午餐的占便宜心態下，政府不斷地「免費」提供人民各種福利、優待、獎勵、保護，但不敢「求好」（不敢要求人民負擔成本、不敢要求使用者付費、不敢減少行之有年的獎勵）。其結果是財政赤字驟增，埋下財政危機的地雷。

(3)**對付在野黨企圖心強、對付重大弊案企圖心弱**：執政的民進黨，需要在國會中對付在野黨，這是天經地義的政黨政治；但執政黨對於反對黨提出重大弊案的質疑，幾乎無不避重就輕。

李登輝主政時代，對特權的庇護與籠絡，在今天民進黨執政時代，似乎看不到改變，甚至有人認為，情況更在惡化中。執政黨要記住，很多理性選民兩年前唾棄國民黨，就是因為它對這種重大弊案的「重重舉起，輕輕放下」。

(4)**意識型態強、主流價值弱**：一度揭示的所謂「新中間路線」已經煙消雲散。在重大議題的辯論上，得到媒體重視的，幾乎都是潛伏著意識型態的爭議性提案。

當前兩岸關係上的一個主流價值，就是推動三通。即使這樣一個不容易獲得的強烈共識，都在意識型態下寸步難行。對付揮之不去的意識型態，陳總統的護身符有三：「照民意走」、「按道理做」、「隨情勢改」。

(5)**用圈內人太多、用圈外人太少**：在人事任命上，從內閣閣員到國營事業負責人，到財團法人董事會，不斷出現令人失望的任命。政權轉移，大家都能接受「一朝天子一朝臣」的替換，但「臣」必須要有專業能力、清新形象與公信力，目前已出現了太多的「微臣無力可回天」的例子（借用陸以正大使所著回憶錄書名的自謙）。

能做的貢獻

上述五個傾斜，實際上有一個共同分母，那就是「私」。一旦無私，用人的模糊鏡片就會突然清晰，渙散的決策焦距就會突然聚焦。

政治人物競選連任的最佳策略無他，從「去私」做起。政治上的「無私」，才能有政策上的「大公」。這位兼具草根性與開創性的「蘭陽之子」，由於他「政治上」的「無所求」，就能產生「政策上」的「大有為」。從調整「五個傾斜」到「挑戰二○○八」，或許正是「蘭陽之子」對台灣，以及對「台灣之子」能做的最大貢獻。

二○○二年七月號《遠見》雜誌

36 唯有行動，才有結果

企業誠信

二〇〇二年七月，全球股票指數不斷下滑，世界景氣欲振乏力。擔任火車頭角色的美國經濟，出現一波又一波的意外，不是經濟指標（如經濟成長率）突然惡化，而是好些個大企業的財務都在做假。一向公認為講求誠信的美國跨國企業，居然會這樣經年累月或赤裸裸地在做假帳！只可能在第三世界發生信譽掃地的例子，卻活生生地發生在華爾街上市的大公司身上！歡喜教訓第三世界的美國人，這次不得不把手指指向自己，甚至指向總統。

當前大多數美國人民已經宿命地認為：恐怖事件會隨時再發生；面對不確定

的經濟，信心陷入了空前低潮。來自德州的布希總統，又習慣以簡單的黑白來劃分敵友，更以軍事的強勢來左右世局。美國歷史上第一位MBA（企業管理碩士）的白宮主人，在管理國家大政上的所作所為，即使國外的「親美派」也為之忐忑不安。企業「誠信」突然間超越了九一一恐怖事件，變成了美國新危機；因此把那些犯法的大商人繩之以法，就變得像抓到賓拉登（Osama bin Laden）一樣的迫切。

超級強國的政府與企業，當前最需要的是反省，然後及時的改革。

三通與國家安全

台灣經濟依靠對外貿易，貿易對象過去一直以美、日為主，近年來已難以置信地被中國大陸取代。在三通不直通的重重限制下，在過去「戒急用忍」政府干預下，在當前名為「積極開放」、實為「有效管理」約束下，這樣戲劇的取代只是再度證明：市場經濟的擴大遠遠大於政治上的阻擋力量。一位台商說：「投票給阿扁，投資去大陸。」

南宋楊萬里的詩，是何等的逼真在描述著七百年後兩岸貿易的曲折：

萬山不許一溪奔，
攔得溪聲日夜喧；
到得前頭山腳盡，
堂堂溪水出前村。

此刻，兩千三百萬人民要認清：不論贊成或反對，中國大陸已經取代了美國，變成了台灣最大的貿易夥伴。二〇〇二年一月到五月，台灣對美國出口依存度（出口占總出口額之比）為二〇・五%，對大陸的依存度則已是二七%。從現在起，台灣最要關心的，不再是美國經濟的起伏，更是大陸經濟的起伏。如果有人「唱衰」大陸經濟，就會冒著「唱衰」台灣經濟的風險。

在這一情勢下，兩岸直接三通，對大陸——更是對台灣——會產生成本節省、時間節省、人才互動等等的各種好處。既然如此，為什麼三通不通？在各種反對聲音中，「國家安全」也就變成了一個重要的阻擋。

什麼是國家安全？狹義的看法，只重軍事與情報，例如認為增加武器採購就是增加國家安全；進步的看法，則是提升一國競爭力，才是增加國家安全的根本之道。兩岸直接三通，會增加台灣競爭力。因此，三通是增加，而非減少國家安全。經濟實力，而非國防實力，才是台灣安全的保障。

適當的自私

驅策資本主義的動力就是貪婪與自私。當「貪」與「私」在法律範圍內進行，那是可以接受的企業行為；超越了法律的範圍，就會出現連鎖的惡果。六月二十五日爆發的美國世界通訊（WorldCom）三十八億美元案，就是表現了赤裸裸的貪婪。

每當共和黨總統入主白宮，共和黨的英文縮寫GOP（Grand Old Party）就常被改「貪婪黨」（Greed Old Party）。白宮所推動的政策，也被批判成幫助有錢人的「貪婪政策」。

企業的私利與貪婪，可以刺激經濟活動，甚至帶動創新，是必要之「惡」。二〇〇二年十二月來台演講的英國當代管理思想家韓第（Charles Handy），就提出了「適當的自私」（Proper Selfishness）。他認為這個觀念可以超越資本主義的貪婪，做為當前各國追求的目標。

適當的自私是透過自我認知與自我實踐，瞭解自身責任的重要。它超越極端自私的個人主義，提升到對別人表示關心與寬容，並且自己參與去推動「利他主義」（如捐款、志工）。

適當的自私兼顧了私利與大愛，符合人性與理性。這樣的「自私」也完全吻合兩百多年前倡導資本主義的亞當・斯密（Adam Smith）的原意。他不僅標榜「一隻看不見的手」在追求私利，他也強調要擴散「同情心」來減少社會貧窮。

二〇〇二年八月號《遠見》雜誌

37「勝利」是台灣唯一的選擇

(一)

二十世紀元年（一九〇〇年），對中國人與台灣人是同樣的殘酷，聯軍攻侵北平，日本帝國主義統治台灣進入第五年。滿清的腐敗使四億多人受盡痛苦。

歷史的教訓是：一個無能的王朝就會帶來烽火漫天，國破家亡。

百年戰亂、百年蛻變、百年新局。

二十一世紀元年（二〇〇〇年），中國大陸與台灣同時出現了前所未有的遠景。中國大陸的經濟以一〇%的成長率在全球競爭中崛起；台灣在寧靜的革命中，國民黨政權和平地移轉給民進黨，陳水扁當選為總統。

台灣歷史性的機遇是：當反對黨在民主化浪潮中，變成了執政黨可以一鼓作氣攀登民主、法治、全球化、族群融合、兩岸開放的高峰。如果這樣，陳總統就變成了中華民族民主史上的英雄，民進黨就變成了不可取代的政黨。

出人意外地，陳總統選擇了另一條路——鋪天蓋地的選舉操作，只在延續權力的掌控。七年來的政績竟是如此地令人失望。七年的政策空轉產生了兩個重大影響：台灣在全球化中，愈來愈失去競爭力；台灣在邊緣化中，愈來愈孤立。

（二）

面對這樣的大變局，二〇〇三年我發表了《反冷漠的知識人》一書，其中討論到：對陳總統施政不能冷漠，對李前總統的負面示範不能冷漠，對兩岸僵局不能冷漠，對知識經濟的興起不能冷漠。

台灣的政局與經濟情勢持續混沌。在二〇〇四年八月再發表了《八個觀念改善台灣》，書中提出八個觀念。

(1)大格局思維。

(2)「台灣優勢」比「台灣優先」重要。

(3)不獨不統下的兩岸雙贏。

(4)提倡有靈魂的知識經濟。

(5)開放社會與國家競爭力。

(6)人的品質與優質生活。

(7)人文情懷。

(8)學習型台灣。

「自序」中我寫著：「我當然記得美國威爾遜總統的話：『若要樹敵，就試圖推動改變。』不追求名位，不爭取選票的知識份子，如果怕得罪人、怕樹敵，都不敢提倡改變、改善、改革，那麼這個社會注定了沉淪與墮落！」

「台灣還存一線生機，因為知識份子還沒有完全放棄。」

像很多中產階級一樣，對台灣前途已失去了信心，也失去了熱情，但我還沒有完全放棄。

(三)

台灣此刻的情勢更為嚴峻，因此再做一次嘗試，提出「台灣的V型選擇」。

當前的台灣有兩個：一個是正在邊緣化的台灣，一個是急待奮起的台灣。造成邊緣化台灣的元素是——內有內耗性議題一個接一個地操弄；財經、民主、環保、教育等重大政策一個又一個地空轉；兩岸關係一件又一件地僵持；廉能政治一次又一次地落空。外有全球化的風起雲湧，與中國大陸經濟快速崛起，二者都對台灣在世界舞台上的地位造成衝擊。內外形勢的惡化，造成了人民、企業、外商束手無策。

急待奮起的台灣，只剩下一個選擇，要以最短的時間、最快的速度、最大的包容、最廣的視野，追求勝利——VICTORY「勝利」由七個元素組成：

(1)願景（Vision）

(2)誠信（Integrity）

(3)承諾（Commitment）

(4)人才（Talent）
(5)開放（Openness）
(6)和解（Reconciliation）
(7)年輕一代（Youth）

把七個英文字的第一個字母連結，就是VICTORY，就是書中提倡的「V」型選擇。

(四)

在美國任教（一九六四～一九九八）的三十四年中，從一九六七年起，我每年都設法回來，今年剛好是四十年。

四十年中，「台灣」從旭日東升走向夕陽西斜，刻劃了兩個政黨的升起與衰敗，陪著走進沉淪的是那兩千三百萬善良的人民。這實在太不公平了。

今年七月剛好是天下文化創設二十五週年。二十五年前出版的第一本書是我寫的《經濟人與社會人》，那真是一個台灣意氣奮發的年代。此刻的台灣必須反敗為勝，做出「V型選擇」。

二〇〇七年七月十日發表於《我們的V型選擇》〈自序〉

38 唯有「V型選擇」，台灣才能反敗為勝

什麼是「V型選擇」

用這個名詞，有三層意義：

第一：V型選擇是英文「Victory」勝利一字的手勢，也正就是二次大戰中，英國首相邱吉爾在德軍猛烈轟炸倫敦的危險時刻，宣示「終必戰勝納粹」的招牌手勢；此處是指我們要選擇「勝利」。

第二：【圖一】所示：V型左邊的斜線——DO——一直向右下滑也就是意指各種綜合指標都在下降；到了谷底之後，終必要出現另一股拉抬力量，那就是右邊上升的斜線——OA。

第三：谷底翻升的力量，不會從天而降。在民主社會就要看民意的選擇。我認為主流民意是：和平、繁榮、融合。

筆者根據當前台灣情勢，提出七個改善因素，希望能促使右斜線——OA——的出現。這七個因素分別為：

(1)願景（Vision）
(2)誠信（Integrity）
(3)承諾（Commitment）
(4)人才（Talent）
(5)開放（Openness）
(6)和解（Reconciliation）

圖一　台灣的V型選擇

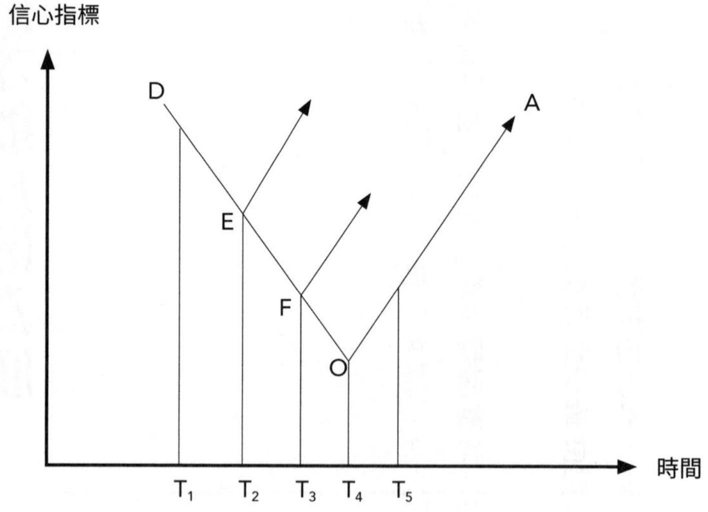

(7)年輕一代（Youth）

把七個因素的英文名詞，連結第一個字母就是VICTORY。

為什麼民間信心衰退？

【表一】列舉了七個原因，指出政府決策階層的缺失：

(1)「願景」模糊。
(2)「誠信」衰退。
(3)「承諾」破產。
(4)「人才」折損。
(5)「開放」萎縮。
(6)「和解」僵持。
(7)「年輕一代」迷惘。

要用什麼對策來挽救？

【表二】列舉了七項策略，如能切實推動，三年之內台灣社會就會再度充滿生機。這七項策略是：

(1)訂定清晰的長程與短程願景，全力以赴。
(2)民無信不立，政界與商界要共同重建聲譽。
(3)政策要透明、持續、連貫及可預測性。
(4)用人才、借腦袋、開創新局。
(5)唯有加速開放，台灣才有生路與出路。
(6)唯有追求兩岸雙贏，經濟才有生機，人心才會安定，軍備才可減少。
(7)去政治化之後，各種「想像的可能」就變成「真實的可能」。「年輕一代」重拾信心。

表一　衰退原因與選擇策略

各種信心指標衰退的七個原因	V型選擇的七項策略
1. 國家「願景」模糊，政策方向不清。	1. 訂定清晰的長程與短程願景，全力以赴。
2. 政府與企業的「誠信」衰退。	2. 民無信不立，政界與商界要共同重建聲譽。
3. 公共政策的「承諾」一再跳票。	3. 政策要透明、持續、連貫及可預測性。
4. 各方「人才」或未受重用，或受到折損。	4. 用人才、借腦袋、開創新局。
5.「開放」屢遭挫折，邊緣化隨之加速。	5. 唯有加速開放，台灣才有生路與出路。
6. 兩岸「和解」僵持。國防支出難以削減。	6. 唯有追求兩岸雙贏，經濟才有生機，人心才會安定，軍備才可減少。
7. 各種「可能」因各種政治算計變成「不可能」。使「年輕一代」陷於迷惘。	7. 去政治化之後，各種「想像的可能」就變成「真實的可能」。「年輕一代」重拾信心。

(四)為什麼提倡「另一個台灣是可能的」?

我曾經寫過:奇蹟創造者是「化不可能為可能」。三月上旬的杜拜行,再度親身看到了他們創造了不可能為可能的沙漠奇蹟。

回到台灣,雖然氣餒,但不能放棄,因此我想在現況下,如果大家勇敢地面對現實,切切實實把「想像的可能」變成「真實的可能」,另一個美好的台灣是可能的。

在全球快速移動的經濟版圖上,一出國門,更會警覺到在被邊緣化中的台灣是愈來愈無足輕重了:國際航線改道了;跨國企業辦公室搬家了;大部分的外資都投向大陸了;大公司也改在別處上市了;跨國企業總裁與國際著名學者,即使順道,也常不路過了;國際會議——即使小型的區域會議——也避免在台北召開了;國際運動比賽,也很難在台灣舉辦了;重要國家的政要當然已經幾十年沒來過台灣了,台灣在世界地圖上慢慢被遺忘。

兩岸沒有直航是一個關鍵性的限制因素。沒有直航,對岸沒有直接損失,卻嚴重地傷害到了我們自己。當這種直航「可能」仍然是「不可能」時，我們就不得不沉痛地說：讓「可能」變成真「可能」，真是當前最重要的政策。

我要以六句簡單有力的英文句子，呼籲台灣選民理性思考，共同努力使二○○八年變成V型選擇的元年：

(1) Let's get it done.（讓我們做好它。）

(2) Make it happen.（把它實現。）

(3) Make a point, no more; make a difference, by all means.
（不要再空談，全力去改變。）

(4) Another world is possible.（另一個世界是可能的。）

(5) We deserve better.（我們值得更好。）

(6) Get Taiwan moving again.（台灣再出發。）

二○○七年七月十日發表於《我們的V型選擇》〈緣起〉

39 掌握大中華經濟圈的二十個大趨勢

曾以《大趨勢》（*Megatrends*）以及《2000年大趨勢》（*Megatrends 2000*）聞名世界的約翰·奈思比，在一九九六年出版了與東方社會更貼近的《亞洲大趨勢》（*Megatrends Asia*）。

《大趨勢》（*Megatrends*）出版於一九八二年，高居《紐約時報》排行榜兩年之久，銷售八百萬冊，從此「大趨勢」變成一個家喻戶曉的新詞彙，也因此奈思比被認為是當前世界上「具有敏銳觀察力的趨勢專家」。

受世界關注的中國

全書討論了八個大趨勢，每一個都涉及中國大陸、台灣、香港及海外華人。

在第八章中指出：中國之會變成新世界秩序中的超級國家，已不是「會不會」，而是「什麼時候」。二十一世紀中各國必須面對經濟上、政治上、軍事上強勢的中國。如果「中國不是世界上最大的強國，也會是一個強國」。

當前的處境是：中國大陸剛剛跨出第三世界的門檻，但是全世界從美國、日本到東南亞——已經有人把它視為假想敵；中國人的命運何其坎坷！大多數國家希望全世界人口最多的中國，不能窮，窮了就沒有市場；但不能富，富了就要搶資源；更不能強，強了就構成威脅。

十餘年來，台灣的經濟則從虎虎而有生氣，變成不死不活（前行政院長蕭萬長的話）。台中市長胡志強有一個生動的譬喻：因為沒有三通，台北對上海的地理位置，已經變成了雅加達。

影響極大的二十個大趨勢

此刻，讓我列舉出觀察到的，對大中華經濟圈有極大影響的二十個大趨勢。無庸置疑，順應潮流，就事半功倍；違反潮流，就自我折耗。

(1)立國之道，對外是走向開放、和平、雙贏；對內是建構共識、願景、大愛。

(2)軍事的支出要減少；教育、健康、環保、基本公共設施等要增加．社會福利既不能輕易增加，也不能輕易減少。

(3)軟性實力（soft power）的吸引力，遠比硬性實力（hard power）的威脅力更能產生實效。

(4)凡是軍事不能解決的，改用政治。凡是政治不能解決的，改用經濟。凡是經濟不能解決的，改用文化。

(5)國與國之間可以存在文化差異，但不能有文化衝突。

(6)中國的經濟實力在快速成長，美國的影響力則在傲慢中慢慢消退。

(7)美國需要大量國防支出，它要做「超強」；其他國家則不需要。

(8)台灣的活路，是與大陸接軌；台灣的出路，是與世界接軌。開放是生路，鎖國是死巷。

(9)節約能源比開發能源更迫切。

(10)財政赤字、過度消費與貿易逆差要控制，外匯增加與貨幣貶值要節制。

(11)區域（如亞洲）內貿易與投資，常超過區域外；區域間的自由貿易協定，常比國際性的協定更實惠。

(12)資訊唾手可得，知識仍要按部就班累積。

(13)知識工作者的核心優勢，不是擁有資訊，而是掌握知識。

(14)人的壽命愈來愈長，自己的養老準備要愈來愈充分。

(15)教育、健康及醫療社會福利的支出（而非軍事支出），應占中央預算的大部分。

(16)賺大錢是「大」企業家，捐大錢是「偉大」企業家。

(17)進步國家中出現了三個沒有人敢輕視的名詞：品德管理、企業社會責任、志工企業家。

(18)無能的政府最好少管，愈管愈糟；即使曾是「大有為」的政府，也要走向「有所不為」。

(19)從政者想擁有權力，就不要想擁有「財富」。二者兼得的代價，常常是身敗名裂。

(20)為選舉而製造仇恨、為個人財富而貪汙、為掌權而不擇手段，這些政客在世界各國，通常只有一個結局——鋃鐺入獄。

細數今天以色列與黎巴嫩的軍事衝突、北韓的試射飛彈、台海的潛在危機、非洲國家的落後、災害、病痛，以及全球各地貧富差距的蔓延，為全球的政治家提供了一個歷史性的機會：

構建和平的人，是真正的英雄；

創造繁榮的人，是真正的功臣。

一旦機會出現，就要抓住。奈思比在他出版的新書《*Mind Set!*》中的第九章指出：「成果來自機會利用者，非問題解決者。」

二〇〇七年七月十日發表於《我們的V型選擇》

第四部

馬英九總統執政

（二〇〇八～二〇一六）

一九八九年十二月柏林圍牆倒塌後，布希與戈巴契夫在地中海的馬爾他島向全球宣布：「我們決定把冷戰埋葬在地中海的海底。」

我們深切期盼：二〇一一年十月馬英九與胡錦濤在建國百年之時宣布：「我們決定把戰爭埋葬在台灣海峽的海底。兩岸進入『和平架構』的協商。」

戰爭沒有贏家，和平沒有輸家。

後代子孫痛恨的是戰爭的傷痕，感恩的是和平的榮景。在二十一世紀初葉，我們永遠不需要再拋頭顱，灑熱血，但需要有理性，有遠見。

40 馬英九時代的啟動

三月二十二日馬英九與蕭萬長兩位先生當選為中華民國第十二任總統與副總統。從一月十二日立委選舉到這次大選，台灣人民賦予了國民黨「完全執政、完全負責」的責任。

當二〇一一年慶祝中華民國百年國慶時，那將是馬總統執政的第三年。如果三年內兩岸化解了台海敵對，構建了世世代代的和平，誰說兩岸領導人——馬英九與胡錦濤，不能在建國百年之時，同時獲得諾貝爾和平獎？

馬英九時代即將來臨，它啟動了台灣人民的新航程。

（一）

台灣政治醜惡，台灣人民可愛。

台灣政治人物人格所剩不多，台灣核心價值依然存在。

台灣民主終於浴火重生，台灣法治還待起死回生。

沒有陳水扁，就沒有國民黨的勝利；沒有馬英九，就沒有台灣人民的希望。

（二）

馬英九對自己有最嚴格的要求，選民對他也有超難的期許：

(1)傷痛癒合者（wound-healer）

(2)優先次序的決定者（pace-setter）

(3)和平締造者（peace-maker）

(4)奇蹟創造者（miracle-maker）

化「不可能」為「可能」，一直是馬英九對自己的挑戰；包括這場被抹黑、抹紅的選戰。他的成績超出一般人的預期：得票七六五萬張，得票率五八・四五%，均創歷史新高。

（三）

馬英九的傳奇是打破了「外省人」的罩門與被「扣紅帽」的妖魔。因此，在兩岸關係上，就要充滿信心，凝聚共識，大步向前行。

時間不站在台灣這一邊。二二一萬張票的領先，是要求新總統在步步為營與大破大立之間，要果斷地抓住時機，開創台灣的新機會。Timing is everything.

（四）

對那些歷史悲劇，從二二八到天安門，新總統要記取它們的教訓，但不需要重複地懺悔與譴責。新總統只計未來，不算舊帳。

面對未來，政府高層要以廉能為土壤，種植經濟成長與社會和諧的種子：開出創造台灣進步與文明的果實。

(五)

美國《TIME》雜誌（三月二十四日）以六頁篇幅報導馬英九：「兩岸的溝通者」，並且出現了一張全頁神采奕奕的照片。這是多年來從未見對台灣政治領袖這樣的重視。第一段中即提到他的新著《沉默的魄力》，描述八年在台北市長任內的施政。《TIME》雜誌把書名譯成《*Silent Courage*》。

這本書由天下文化出版。在二月二十六日的新書發表會前，問馬先生：「英文如何譯？」我們想過用「Silent Courage」，隔了一下，他說是否用「decisiveness」；又隔了一會，他說：「strength 會更好。」我們當時就決定以後用《*Quiet Strength*》為譯名。

從台北市長八年從政的心情，加上他自己深厚的英文修養，把「魄力」譯成英文時，從「勇氣」，提升到「果斷」，再提升到「意志力」，正反映出這位新總統的內心世界與自我評價。

要來收拾八年殘局以及開創新局，他三者都要：courage、decisiveness 與 strength。

（六）

立委與總統的選舉告誡政客及旁邊的吶喊者：誤認仇恨政治與抹黑選舉可以鞏固本土政權；但都被台灣核心價值擊敗，這真是台灣社會最珍貴的人性。

開拓經濟優勢．追求平方效果

「台灣經濟優勢」比「台灣政治優先」重要。政治拖垮了台灣，此刻只有靠經濟救活台灣。台灣人民最渴望的就是振興經濟與改善生活。此一過程即是近年來我提倡的「平方效果」（倍數增加），而不再是「開方效果」（倍數銳減）。

「平方效果」必須要經由一個大變局，一組新領導人，用一股新力量，追求新願景。在政策大方向上，馬蕭團隊要：

(1)尋求兩岸關係的急速改善，這是關鍵中的關鍵；一旦改善，兩岸直航、觀光、交流，就可展開。

(2)在「經濟最優先」的政策下，投資環境獲得大改善後，投資就會源源而來。

(3)以投資創造就業，刺激經濟成長；以兩岸和平減少巨額軍購，把幾千億資金逐年移向教育、文化、健保、環保等。

(4)大建設要借重民間力量，政治買票式的社會補貼，要勇敢地刪減。

(5)司法獨立要提升，貧富差距要減少。

(6)競選時提出的「專業治國」，是追求「平方效果」的捷徑。

(7)「軟性實力」比「硬性實力」更值得重視與投資。

二〇〇八年四月號《遠見》雜誌

41 以「沉默的魄力」馬上揮動主棒

　　願景要靠人才來執行。馬蕭團隊已經決定的劉兆玄（行政院長）、江丙坤（海基會董事長）、蘇起（國安會祕書長），是一個令人充滿期望的組合。
　　七百六十六萬選民相信馬總統已經準備好了。大破大立的機會就在眼前，展現「沉默的魄力」（Quiet Strength）的時刻就在今朝。

急起直追

　　在分秒必爭的全球化浪潮中，不進則退。台灣虛擲了可貴的八年；現在就要靠馬蕭團隊急起直追。

今天在國際舞台上，台灣的競爭力排名已經倒退到十八名，大陸排名第十五，首次超越我們。

這麼一個曾經有人才、有經驗、有資金、有衝勁的台灣，怎麼進入二十一世紀會淪落到如此的境況？蔣經國時代，靠經濟的活力，來維護其威權政治；民選出來的陳水扁，以意識型態、統獨爭論與政治掛帥，來掩飾其貪腐與無能。

五月二十日後，台灣的政治天空終於出現了藍天。馬總統背負了太多的期望。他必須要劍及履及地做大事，採取果斷的大政策；也就沒有「三思而不行」的奢侈。

府內設「兩岸諮詢小組」

當鎖國政策把台灣經濟帶進死巷，那麼就只有靠打破兩岸僵局，才能化危為機。準副總統蕭萬長先生四月的博鰲破冰之旅，已經為兩岸打開了希望之窗。我們不得不說：因為胡錦濤先生在關鍵時刻，釋放了大陸的善意，相對地減少了我們的憂慮；這使得八年來沉悶的台灣，突然出現了曙光。

因此，理順兩岸關係——從包機、直航，到觀光客、來台投資等——是新總統的第一個突破點。一旦兩岸關係改善，政府的國防支出，就需要節制。

我個人對選前馬總統一再強調要增加國防支出，表示憂慮。如果兩岸善意相待，在他提倡的「台灣不獨、不統、不戰」之下，應當要把幾千億的武器採購逐年轉移到教育、文化、環保、健康、社會福利等部門：這即是反戰的西方人士所提倡的「和平紅利」（peace dividend）。

我希望新總統要不斷地教育選民：戰爭沒有贏家，和平沒有輸家。準備戰爭的任何支出，要嚴格控制；爭取和平的一切努力，要全力鼓勵。馬總統要延攬最得人望的人才，參加兩岸協商，負責海基會、陸委會等機構。陳水扁八年執政，一如李登輝於一九九六年後所推動「戒急用忍」政策，他們把兩岸談判的拖延、擱置、破裂，認為「成功」。這種政策就是trouble-maker的傑作：「化可能」為「不可能」最傳神的定義。

馬總統宜考慮在總統府內設置「兩岸政策諮詢小組」，邀請曾志朗、陳長文、曹興誠、沈富雄等民間領袖提供高見。

主棒在新總統手上

主管過兩岸政策的馬英九，當年無法撼動李登輝的決策；此刻擁有空前民意基礎的馬總統有了新願景、新舞台。在博鰲論壇上，準副總統蕭萬長提出的十六個字：「正視現實、開創未來、擱置爭議、追求雙贏」，是一個立刻要化成具體政策的大原則。大陸領導人胡錦濤對我們所提直航、觀光、經貿關係正常化、重建協商機制，也都有了正面的回應。

二〇〇八年四月十二日下午五時三十五分蕭胡在博鰲握手的一刻，啟動了兩岸關係的新頁。像受人注目的季前賽，遠征的蕭萬長已在萬千觀眾前繳出了亮麗的成績；五月後主棒就在馬總統的手上。

二〇〇八年五月號《遠見》雜誌

42「空軍一號」不用，就會生銹

——馬總統揮別「執政百日」的青澀

回到今年三月二十二日總統選舉開票當晚，馬蕭以二二一萬票勝出：七六五萬比五四四萬；以得票率計算：五八・四五%比四一・五五%。比二〇〇四年阿扁當選得票差距增加近七十倍。

擁有這樣民意，理應可以從容執政。誰也沒料到，新政府的「上任蜜月」，居然從未出現。當國民黨八年後贏回政權時，社會期待、民心思變、輿論火力已有了驚天動地的改變。

阿扁八年的腐敗，孕育了四處出現的偏激：⑴不信政治人物的言行與施政。⑵對執政者失去了耐心與同理心。⑶「名嘴」變成了新裁判與社會烽火的點燃者。(4)人人變成了無節制的反對黨。

令人嚮往的「多元社會」，變成了難以治理的「多事之秋」。

馬總統與劉內閣以專業、清廉、改革上任，但由於一些政策及人事之沒有與各方妥善溝通，立刻引起超過預期的反彈。選民不僅沒有給他們應有的時間，也沒有給他們應得的支持。新政府應當在苦惱中痛苦地發現：「全民總統」的理想難以落實；選民要執政黨乾脆、快速、強有力地有效執政。「理想」需要時間，「實效」則是「馬上有」，二者間出現了無法銜接的期望落差。

面對國際景氣的嚴重衰敗與通膨壓力，逼使具有理想性的新政策更難施展。所謂「苦民所苦」的動聽口號，實際上就在強迫政府做無法抗拒的補貼。這真是我們念經濟所不敢苟同的。

另一方面，馬總統就任以來，在總統府內以及公務視察時所表現的節約、節省、節儉，令人動容。可惜的是，民意較在乎的不是總統生活細節上的「有所不為」，而是政策推動上的「有所為」；個人的清廉與節約，不能替代政策的效率與民生的改善。二條無法交集的平行線，就說明了民調的下降。

馬總統高票當選是選民「選對了人」；當選總統後，人民要他立即「做對的事」，也要「把事做對」，這裡選民就出現了焦慮。在模糊不清的雙首長制下，馬總統不僅不肯、不會濫權，而且是一位自律、自約的君子。

這使人想起美國第三十九任總統卡特（一九七七～一九八一年）。任內四年，被認為是一位「乾淨先生」（Mr. Clean）。但一直沒有能發揮總統權力在做事，四年後離開白宮時，被譏為仍然是「與權力無緣」的總統。卸任之後，卻表現不凡，參與國際人權的提倡與國際紛爭的調解，獲得了二〇〇二年諾貝爾和平獎。

今天的馬總統，要站在第一線，發揮總統的權責，先做好三件大事：(1)不統：共生中求資源整合；(2)不獨：安定中求改革；(3)不武：和平中求雙贏。更進一步，總統應以宏觀視野與強烈的使命感，標舉出全民追求的願景是：和平、繁榮、永續發展。

在劉院長的配合下，不適任的人換，不對的政策改。使全體人民相信新政府擁有乾淨俐落、劍及履及的本領，急人民之所急，痛人民之所痛。

事實上劉內閣已有建樹（如兩岸開放），並在積極推動多項政策：如開辦勞保年金、政策鬆綁、節能減碳方案、賦稅改革。我尤其贊成行政院將續以「擴大公共建設」為施政主軸。

「執政百日」的「黯淡期」已在消失。美國記者歡喜挖苦：美國新任總統，只要一坐上「空軍一號」，立刻想到的就是連任。

「空軍一號」是總統權力的象徵。馬總統要記得：人民不要你省油而不坐「空軍一號」。選民相信，權力在你手上，比較不易腐敗。要善用總統的權力與權威，為全民謀取最大的福祉。

總統權力，一如「空軍一號」，不用就會生銹。

二〇〇八年九月號《遠見》雜誌

43 為什麼經濟政策難以生效？

——對馬總統的一個建議

做為一個研讀經濟的學生，早就應該指出：面對各種經濟難題：⑴經濟學家已逐漸失去「解釋」，更缺少「預測」的能力；⑵政府官員已逐漸失去「說服」，更缺少「推動」政策的能力。

最令人擔憂的是：即使各國擁有一籮筐的對策，也都難以生效。為什麼擁有三十位以上諾貝爾經濟學獎得主的美國，會產生金融海嘯，此刻已延伸為全球經濟衰退？是經濟學家孤芳自賞地遠離現實？還是他們的「傳統智慧」早已無法對症下藥？還是經濟問題早已變質，超出了他們的專業領域？簡單地說：這些都是部分的答案。

當前的世界：當然不同於亞當・斯密十八世紀末葉資本主義的萌芽時代，也不同於凱因斯一九三〇年代經濟大蕭條。二十一世紀初的世界是危機、轉機、新機共同出現的年代：

- 消費行為常是非理性的。
- 生產、交易與投資常出現過度的貪婪。
- 全球市場瞬息萬變，且難以捉摸。
- 投資、貿易、利率、匯率相互影響。
- 不確定的因素（從戰爭到氣候變遷）嚴重破壞各國經濟運作。

面對這樣的年代以及當前的衰退，最頂尖的經濟學家與最聰敏的政府官員所能想到的政策工具也就是這些：

(1)提供企業巨額貸款（或購買其股權）；(2)保證銀行信用沒有風險；(3)中央銀行降低利率、調整匯率；(4)財政部降低稅率、獎勵投資、修訂法規；(5)各級政府加速推動公共建設；(6)鼓勵消費（如消費券）；(7)道德勸說（如少解僱）。

當部分政策工具，已陸續在美、英、日、台灣等地使用，但到目前為止，尚未見到具體效果。這就反映在衰退未見谷底的說法，以及消費者缺乏信心。

不禁要問：為什麼經濟政策愈來愈難有立竿見影的效果？讓我提出四點觀察：

(1)政策工具的選擇不易得到共識：這是因為對挽救經濟的優先次序看法不一樣，要採取的政策強度不一樣，對能夠產生的實效判斷也不一樣。

(2)推動某一經濟政策，常受到非經濟因素干預：如國會以及民意反應，是否是選舉年、主政者的意識型態，都會影響政策推動時間及動用的經費。

(3)出現政策效果相互抵消的因素：當全球資訊與資金瞬息之間相通及轉移時，任何對市場發生不利的事件都可能抵消當地國剛推出的一項利多政策。市場開放會增加競爭力，但它也會牽累別國、增加波及率。

(4)解決經濟問題的關鍵常不在經濟領域：從長期及治本來看，如要解決大量失業，如要提升競爭力，方法都是在教育；如要解決環保，方法是在企業社會責任的履行。

政策難以生效，台灣該怎麼辦？我建議馬總統召開國是會議（產官學、民代及民間組織），凝聚共識；必要時再召開國家安全會議，裁定「挽救當前台灣經濟」的方案與政策；再透過大規模的說明會，及改組後的內閣，形成新民意，結合行政與立法兩股力量，全力以赴。

我個人判斷，這次經濟危機，歐巴馬會視作「良機」，胡錦濤會視作「新機」，兩年之後，兩國將會在世界舞台上更增影響力；對馬英九來說，這是轉機；但是轉好或是轉壞，就看他的決斷。

二〇〇九年二月號《遠見》雜誌

44 兩岸「雙贏列車」已出站

——馬總統化險為夷的第一年

就職週年馬總統與台北市大理及彰化伸東國小的小朋友共讀《十二歲的天空》，告訴他們：小時候的志願不是當總統，是想當火車司機。此刻他宿願已償：既是總統，又是兩岸雙贏列車的司機。

（一）

一年前馬總統與新團隊接任時，低估了八年來政治與媒體生態的改變、民眾耐心的缺乏，也沒有預估到阿扁後遺症的強度與深度，更沒有預料到全球八十年來最嚴重的經濟衰退的侵襲，那是一個內外煎熬的困境。

在這就職週年時刻，即使全球經濟衰退依然嚴峻，馬總統與劉內閣終於走出了困境，民調開始攀升，信心開始恢復，逐漸看到了隧道盡端的曙光。這個大轉變的關鍵還是兩岸關係突破後的直航、陸客投資、鬆綁帶來的商機、WHA參加後國際空間的出現。四年前連戰與胡錦濤兩位歷史性的共同聲明規劃出了遠景，馬總統以「沉默的魄力」在「不獨、不統、不武」政策下，獲得了強勁的起步。負責兩岸決策的高層官員指出：「守信與不放話，換來關係的急速改善。」

二〇〇七年四月在北京舉辦的第三屆「兩岸經貿文化論壇」上，我講過這段話：「在解決人類歷史重大爭端中，『啟動和解』的時刻常比『到達終點』的時間更重要。兩岸關係良性互動的列車已經慢慢啟動，終站的名字叫做『雙贏』，它要經過三站，站名分別是『協商』『整合』與『和平』」。

兩年後的今天，「雙贏列車」在馬司機指揮下，已經出站。

（二）

伴隨兩岸關係的突破，近例如國台辦主任王毅於五月十七日在海峽論壇宣布的八大利多（包括大陸企業赴台投資），又激勵了台灣產業及股市。《遠見》雜誌在總統就職週年的民調中，反映出民眾的正面評價：

(1)馬總統的兩岸政策算是成功或失敗？

・認為成功的五三・四%

・認為失敗的二四・二%

(2)比較馬陳兩位總統的兩岸政策，誰的做法對台灣有利？

・認為馬政策有利五五・三%

・認為陳政策有利二一・四%

從當前台灣政治環境來看，要創大事業的政治人物應當要具備五項條件：①品德（個人及家庭的清廉），②學識（中外古今的知識與外語能力），③謙卑心與同理心，④歷練，⑤魄力、決斷力與團隊執行力。

綜合評比，細查與馬年齡（五十九歲）相近及較年輕的政治人物，除第五項不確定外，還真找不出哪一位可以與他媲美。或許正因為這些條件，選民對馬總統的「好感」最高，為五六％，「信任」為五〇％，「整體表現」三九％。

從調查中也可以比較人民對三位政治人物的「好感」與「沒有好感」：

- 馬英九　五六％（沒有好感為三〇％）
- 陳水扁　一四％（沒有好感為七三％）
- 胡錦濤　二四％（沒有好感四八％）

在這個民主開放的社會中，大家對中共總書記胡錦濤的好感居然還高於「台灣之子」陳水扁。

馬總統起步艱辛，走過四分之一路程時，漸顯馬力。一位賞識而重用過他的政界前輩說：「他沒有缺點，有一些弱點；他不會做壞事，只會做好事；但要加快些。」

二〇〇九年六月號《遠見》雜誌

45 拓展兩岸雙贏——機會與想像

美國「大落」，中國「大起」

這是一個什麼樣的世界？在當前全球經濟大衰退中，只要把《雙城記》中那段話稍加改寫，浮現在我們面前的是：

最美好的世界，也是最惡劣的世界；是智慧的世界，也是愚蠢的世界；是信仰的世界，也是懷疑的世界；是光明的世界，也是黑暗的世界；是充滿希望的世界，也是使人絕望的世界；我們的世界充滿了一切，但也空無所有；我們的世界可以變成天堂，也可以變成地獄。

狄更斯（Charles Dickens）十九世紀中葉的描述，正是二〇〇九年代世界大勢的縮影。

沒有人會想像到：超強的美國，先在恐怖份子二〇〇一年的九一一事件中遭受重創，又陷入伊拉克戰爭的深淵難以自拔，更在去夏被華爾街引發的金融海嘯，險被淹沒，美國經歷了「八年黑暗」。

更沒有人料到：天安門六四事件之後的二十年，中國大陸傾全國之力，堅定地不走回頭路，投入改革與開放，打造成世界工廠，又構建成世界市場。以二兆美元的外匯存底，變成了當前與美國分庭抗禮的經濟大國，這對中國既是肯定，更是責任。引述三則世界領袖的談話：

五月一日美國總統歐巴馬公開聲明：中國是國際社會重要的領導者，不是具有威脅性的敵人。如果沒有中國，就不可能處理好國際問題。他並進一步指出：崛起中的強權如中國和印度，應享有更大的國際地位。

五月下旬英國外交大臣米勒班（David Miliband）告訴國際媒體：「中國是一個不可或缺的大國。當中國開口時，大家都認真地聽。」又說：「全球經濟面臨危機的此刻，中國大陸是至關重要的答案。」

六月一日美國財長蓋特納（Timothy Geithner）在北大發表演說：「中國對全球經濟已經太重要，不能不在國際會議桌上擁有席位。亦即中國應在IMF等全球經濟組織中要擁有更大發言權。」

短短的八年，美國「大落」；短短的二十年，中國「大起」。台灣只能做一個旁觀者。

台灣不再是麻煩製造者

夾在美國與中國之間的台灣，如果變成麻煩製造者，就會陷入險境——既得不到美國支持，又面對中國威脅，阿扁政府就這樣跌跌撞撞地過了不安定的八年。

馬政府「不獨、不統、不武」的政策立刻得到了善意的回應。就任總統一年以來，台美之間已加強了安全與貿易的合作；兩岸之間已開啟了追求雙贏之門。

我們要抓住時機，拓展台灣機會與中國想像。

我們要自問：台灣要愈做愈大，還是愈變愈小？讓我借用數學上的「平方」觀念。「平方」是把一數自乘後所得的數，以級數倍的增加，如十的平方就是一百。十加十變成「二十」是「加」，「超」過二十，就可以泛稱它產生了「平方綜效」。因此它是指經由一股力量、一個變局、一個過程、一種組織、一種文化等的相互影響，產生了滾雪球的擴散作用，相當於俗稱的「事半功倍」。

一年以來兩岸關係已有突破性的進展，尤其大陸的重點採購及旅客人數的增加，正逐漸出現「平方綜效」；如果我們守住下面這些原則，那麼台灣機會與中國想像（本期大陸二〇二〇關鍵報告）就容易持續凸顯：

(1)意識型態不可能再主導兩岸經貿決策。

(2)人民的福祉與台灣的安定，是取決於兩岸關係的穩定。

(3)幾千億元的武器採購，不能帶來國家安全；「維持現況」則可以。

(4)以節省的軍費投資於教育、環保、文創等領域，享受「和平紅利」。

(5)勇敢地開放適量的大陸學生來台就讀。

(6)只有加強與加快兩岸交流，才能增加台灣的實力。

恐懼「改變」，就會被「守舊」淘汰；如果大陸與台灣共同克服傲慢與偏見，兩岸就會出現無限可能的台灣機會與中國想像。

二〇〇九年七月號《遠見》雜誌

46 過半民意顯示——馬胡直接溝通

大多數人相信在可預見的將來，大陸的發展重點是建立和諧社會，包括與台灣和平相處，共同發展。正是中共這種大戰略，與台灣「不統、不獨、不戰」之下維持現狀的馬政府有了聚焦，台灣也就出現了前所未有的兩岸合作機會。

馬政府執政一年來，兩岸交流已有多項進展；但有兩個敏感問題，國民黨與民進黨都不想立刻處理：那就是如何與中共對話？

《遠見》七月中的民調，提供了重要線索：

(1)你認為馬總統和中共胡錦濤主席，有必要或沒有必要建立直接溝通管道？

- 有必要與還算有必要　五八%
- 沒有必要　二七%

．不知道及未答　一五％

⑵你認為民進黨如果要維護民眾利益，有必要或沒有必要和中共進行接觸和交流？

．有必要與還算有必要　六四％

．沒有必要　二二％

．不知道及未答　一五％

這樣的民意是提醒國民黨與民進黨：在太平盛世可以出現事緩則圓的慢郎中心態，此刻的台灣，外有中國崛起，內有經濟衰退，再加上過去十多年來被邊緣化的痛苦，使得多數台灣人民相信：政府要創造每一個機遇，把握每一個機會，結交所有可能的朋友，化解所有可能的敵意。

兩岸協商不能再錯失時機

務實與自信的台灣民意是要求執政黨及在野黨與中共直接溝通與交流接觸。

這正呼應一九六一年甘迺迪就職演講中的兩句話：「不要恐懼協商，但不要在恐懼中協商。」

一年來馬政府的兩岸政策，如大陸觀光客及採購、放鬆投資限制，已刺激經濟，初見成效；但步調欠一致，政策不夠寬，對大陸學生就讀的種種限制，更使人懷疑我們還是一個開放社會嗎？在重大的ECFA上，陸委會主委在美國的發言，遠較行政院長與總統所宣稱者保留。

二十五年前，在威權時代我提出：「決策錯誤比貪汙更可怕。」後來我又再補充：「決策延誤與決策錯誤一樣可怕。」在兩岸議題協商上，不能再錯失時機。台灣歷史不會一再原諒判斷錯誤的領導人！

兩岸需要對話，「對話」需要「面對面」。外交上，「對話」可以透過各種層次的代表，或公開或私密的溝通。甚至領導人本身還可借助「熱線」，但是重大的決定還是要「面對面對話」。因此不論國家領導人多忙，G20、G80、APEC等開會時，戒備森嚴，元首雲集。「面對面」對話是無法靠「視訊會議」來取代。中國傳統中「見面三分情」的說法，是有它的道理。值得注意的是：四八%的台灣民眾認為對岸不撤飛彈，馬胡不應見面。

國民黨與民進黨都錯估了台灣民意，總以為在兩岸事務上，民意是保守的、步步為營的、深怕受到傷害的。顯然在非政治性議題上，過半民意相信，時間不站在台灣這邊，要求雙方直接溝通、相互交流。

四十年前的七月，美國太空人登陸月球，實現了甘迺迪總統偉大的號召：「我們選擇奔向月球。」此刻馬政府應以民意為後盾，結合民進黨，跨越統獨糾纏，果斷地宣稱：「我們選擇奔向和平。」世界上最受人尊敬的政治人物是贏得和平而非贏得戰爭。

二〇〇九年八月號《遠見》雜誌

47 以「兩岸和平架構」啟動百年遠景

——「啟動和談」時刻比「到達終點」更重要

向前看百年

蕭副總統近月來花了很多時間聽取各界對慶祝建國百年（一九一一～二〇一一）的意見，讓我對百年遠景做一建議。

沒有辛亥武昌起義（一九一一年十月十日），就沒有中華民國的誕生。今天慶祝百年的人，沒有一個曾經參加過當年拋頭顱灑熱血的革命。當後代子孫慶祝建國二百年時，他們會問：在百年交會之際，留下了什麼樣的繼承之物（Legacy）？我希望的答案是：不再是流血的革命，而是持久的和平。

世界當前的潮流是如此地清晰：台灣必定要與大陸和平相處。兩岸直航之後，簽訂兩岸經濟協議只是另一個起步，就遭遇到內部如此的質疑，真令人擔心台灣怎能跨出大步，與大陸市場整合以及與世界市場接軌。

當前大陸的整體國力正逐漸接近美國；西方媒體甚至以G2形容美中二國就可以左右世界經濟。二〇一〇年一月間來訪的《紐約時報》專欄作家佛里曼輕聲地說：「我十三年沒來台灣，因為台灣在國際上幾乎沒有被提及！」如果說世界遺忘了台灣，看看電視節目就知道台灣又何嘗想融入世界？

如果台灣的執政黨（不論是國民黨或民進黨）公開宣布「台灣獨立」，大家心知肚明：戰爭就不可能避免。當馬總統宣布「不獨、不統、不武」，兩岸關係立刻改善。

建國百年的過程是北伐、抗日與內戰的過程。那是家破人亡、流離失所，不忍再回顧的烽火歲月。因此經過中日抗戰、被日本統治、國共內戰的人民，最卑微的要求，也是最殷切的期望，就是兩岸和平——對等的和平、持久的和平、雙贏的和平。「和平」是我們這一代必須要盡心盡力，構建另一個百年發展的里程碑。這一代人奠定了兩岸堅固的和平，台灣才能與大陸，以及外在世界發展良性的關係。台北到世界之路是經過北京。

低估了民眾要求開放的程度

一年來《遠見》雜誌的民調已經一再顯示，民眾對兩岸良性發展的贊成與期許：摘引幾個民調數據：

⑴七五％民眾認為兩岸「不動武、結束敵對」。

⑵五八％民眾認為馬總統和中共胡錦濤主席「有必要與還算有必要」建立直接溝通管道。

⑶六四％民眾認為民進黨「有必要與還算有必要」和中共進行接觸和交流。

⑷六四％民眾認為「雙方簽訂（和平）協議，不等於統一」。

⑸五二％認為兩岸經濟交流，會使台灣經濟更好。

四十年前，甘迺迪宣稱「我們選擇奔向月球」，果然第一位登陸月球的就是美國的阿姆斯壯。馬政府即刻展開與民進黨對話，與全民溝通，向全世界說明：為了我們世世代代的福祉，「我們選擇奔向和平」。

一九八九年十二月柏林圍牆倒塌後，布希與戈巴契夫在地中海的馬爾他島向全球宣布：「我們決定把冷戰埋葬在地中海的海底。」我們深切期盼：二〇一一年十月馬英九與胡錦濤在建國百年之時宣布：「我們決定把戰爭埋葬在台灣海峽的海底。兩岸進入『和平架構』的協商。」

戰爭沒有贏家，和平沒有輸家。後代子孫痛恨的是戰爭的傷痕，感恩的是和平的榮景。在二十一世紀初葉，我們永遠不需要再拋頭顱，灑熱血；但需要有理性，有遠見。

二〇一〇年四月號《遠見》雜誌

48 「維持現狀」是台、中、美的共同利益

——台灣的最新民意

公民社會中的機會

過去幾週走訪了美國西岸與大陸華中地區。一個超強的美國，有主宰全球的雄心，但已有它的疲憊；一個興起的中國，有快速成長的驕傲，但也有它調整的艱辛。一個民主轉型與經濟轉型中的台灣，面對美國與大陸，既需要前者的武器，又需要後者的市場。台灣苦無能力表示強硬，也沒有退路可以妥協。經過兩年的低調努力，馬政府對美國證明了他是一個可以被信靠的；對大陸證明了他的兩岸政策是可以走向雙贏的。

太平洋兩岸都高興地看到：台灣海峽終於風平浪靜。

像我們在中日戰亂中成長的一代，對戰火有刻骨銘心的體認。它造成家破與人亡，它造成國崩與土裂。在烽火之下，個人與家庭的夢想、社會與國家的藍圖全化為烏有。因此，在我的認知中，總統最大的責任就是在國家尊嚴下追求和平與確保和平。

六十年來的台灣社會，雖然省籍情結、統獨對立、政黨惡鬥、地方惡勢力等等幽靈難散，但多數人民就像我期許的「新台灣人」一樣，終於沒有直接的「痛」需要說，直接的「恨」需要平，直接的「仇」需要報。一旦走出了歷史的悲情，所看到的就是公民社會中普遍存在的機會。

幾個重要問題的台灣民意

五月底在史丹佛大學「美、中、台三邊關係」的討論會上，我提出了《遠見》雜誌民調中心在兩岸關係與美國政府角色上，台灣人民的最新看法。

當美國與中國在主導世界情勢時，最不希望看到的就是台灣變成「麻煩製造者」，增加他們之間的摩擦。此刻的美國內有巨債與失業，外有北韓挑釁、伊阿戰爭等，太需要中國大陸明的支持與暗的幫助，怎能容忍台灣海峽再現緊張？

當前兩岸之間與美、中、台三邊之間的「最佳狀況」就是相安無事；就是馬總統的「不統、不獨、不武」；就是九二共識下的一中各表（及一中不表）；就是兩岸增加交流，增加互信，增加共識；就是讓美國至少表面上退居幕後。

《遠見》的民調正顯示台灣的民意已變成了這股穩定的力量。

在討論會上，我引證了台灣人民對「兩岸維持現狀」的看法：

(1)四二・五％維持現狀

- 二六・二％贊成獨立
- 一二・四％永遠維持現狀
- 一〇・五％贊成統一

廣義地說，五成五贊成現狀（參閱圖一），二成六贊成獨立。

圖一　台灣人民贊成統一或獨立

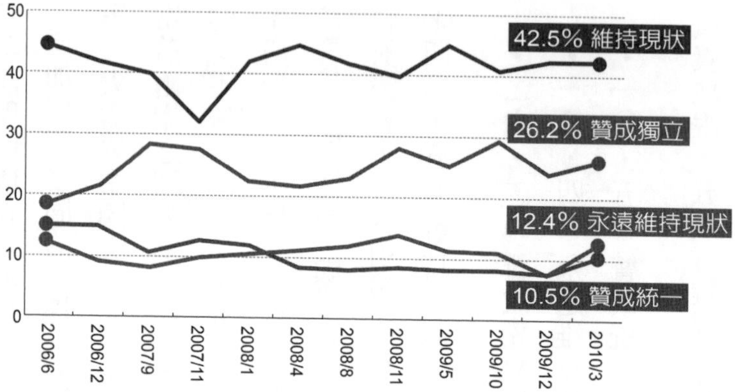

資料來源：遠見民意調查中心

圖二　若目前公投「維持現狀 30 年不變（不獨、不統）」，你將投票：

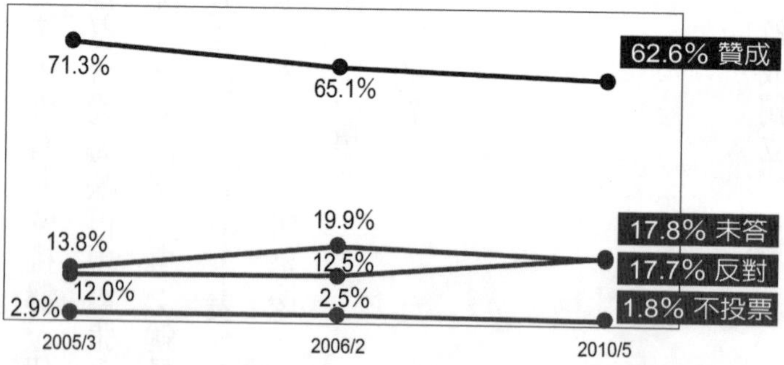

資料來源：2005年與2006年資料引自年代民調，其餘來自遠見民意調查中心

(2)如果有「維持現狀不統不獨三十年」的公投（參閱圖二）

- 六二・六％ 投贊成票
- 一七・七％ 投反對票
- 一七・八％ 未答
- 一・八％ 不投票

(3)哪一黨，國民黨或民進黨，較能兼顧台灣整體利益與兩岸和平？

- 四五・三％ 國民黨較能
- 二九・九％ 民進黨較能
- 一九・二％ 未答

沒有人能低估美國政府在兩岸之間所扮演的角色。台灣的民意反映出：

(4)購買美國較佳國防武器之必要性

- 五三％贊成購買
- 三〇・六％反對購買
- 一六・四％未答

值得注意的是：儘管兩岸關係改善，較一年前贊成購買武器者，反增近五個百分點（參閱圖三）。這顯示：即使維持現狀，民眾認為仍要以武力做後盾；因此盼望中的「和平紅利」是否變成幻覺？

(5)台灣人民希望美國在兩岸間扮演「協調者」角色

- 五六・二％贊成
- 二四・七％不贊成

圖三　台灣向美國購買國防武器之必要性

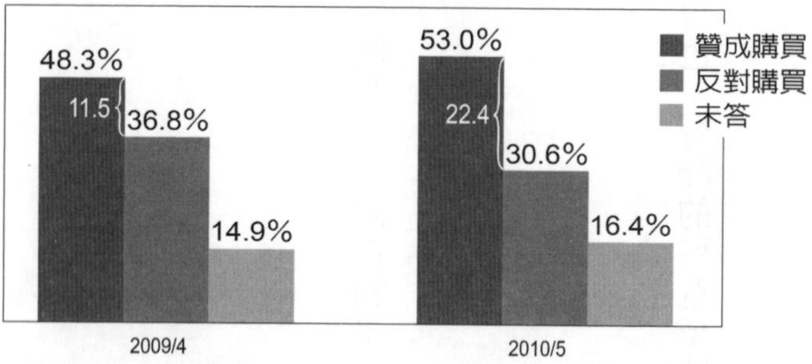

資料來源：遠見民意調查中心

• 一九・一% 未答

美國官方說辭一向是「兩岸問題由兩邊自行處理」。台灣過半民意仍然希望美國不能袖手旁觀。

藍綠的政治板塊

在政黨意識強烈的台灣，藍綠與中間選民的變化，是一個重要指標。

二〇一〇年第一季的民調顯示（參閱圖四）

• 三七・八% 泛藍

• 三四・六% 中間選民

圖四　台灣政黨認同趨勢

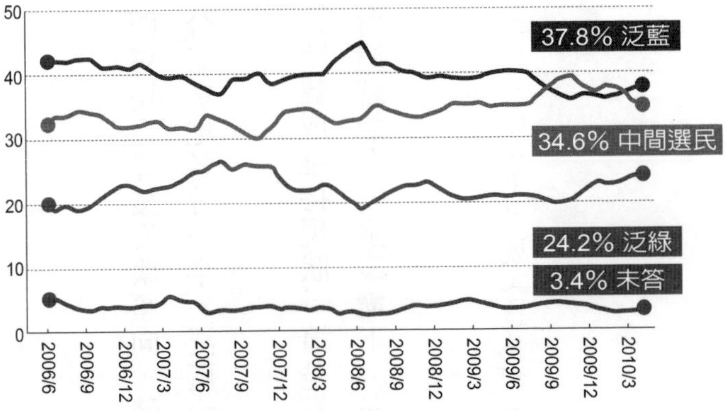

資料來源：遠見民意調查中心；最新資料參閱民調中心網站 http://www.gvm.com.tw/gvsrc/index.asp

• 二四・二% 泛綠

• 三・四% 未答

藍高於綠近十四個百分點。占三分之一強的中間選民之最後投票傾向，隨地區、教育水準、年齡、公共議題等而變化。如果十分粗糙地各分一半，泛藍約占五五%，泛綠約占四五%。

《遠見》民調最重要的發現是：近三分之二的民眾贊成維持現狀。這是當前兩岸三邊關係穩定的根源。只要能「維持現狀」，台灣就能在安定環境下，尋求個人與國家的生存與發展。

二〇一〇年七月號《遠見》雜誌

49 向世界做「和平紅利」的示範

有人怕失去財富，有人怕失去官位，有人怕失去商機，但大多數人最怕的還是怕失去生命；戰爭就是帶給人類最大傷痛的元凶。

胡錦濤：終結兩岸對敵

《聯合報》曾公布的「二〇一〇兩岸關係年度大調查」中指出：「兩岸戰爭可能性低」。這應當是兩岸分治六十年來最令人心安的好消息。中共前總書記胡錦濤曾一再宣示：海峽兩岸中國人有責任共同終結兩岸敵對歷史，竭力避免出現骨肉同胞兵戎相見，讓後代子孫在和平環境中攜手創造美好生活。

這樣的立場開啟了兩岸和平的契機。馬總統在二〇一〇年新年第一篇治國週記中就特別指出：兩岸和平為台灣提供了「創造嶄新情勢，分享和平紅利」的機會，也是台灣在國際上逐漸建立的形象，除自由、民主、繁榮、人權之外，還要增加和平。

二次大戰後，「英雄」這個名詞逐漸褪色；代之而起的是「和平使者」，受人期待的是「和平協定」。美國人民對政府發動的阿富汗與伊拉克戰爭，所關心的不是什麼時候「戰勝」，而是什麼時候「撤退」。

在李登輝與陳水扁執政時期，台灣海峽一直被認為是「具有戰爭爆發可能的危險區」。馬英九執政二年多來，在「不統、不獨、不武」的維持現狀下，獲得了兩岸直航與交流的進展，減少了戰爭的威脅，展開了兩岸各種合作的可能。台灣人民，終於在此刻逐漸獲得了安身立命的安定與安全。

台灣不要變成被利用的棋子

曾任《洛杉磯時報》總主筆的普萊特（Tom Plate）最近還撰文指出：稱讚馬總統的政治勇氣，推動ECFA，尋找台灣出路，並且改善兩岸關係。文中形容：如果台海兩邊發生戰爭，美國將被捲入，亞洲將被打回石器時代。

事實上，近一年來，在亞太地區，美國不斷地軍事演習，不僅重申美軍在亞洲的戰略布局，更直接向中國展示軍力，特別在南海形成了美中二國的「新冷戰」：中方堅持「南海是中國主權的核心利益」，美方則堅持「南海不受威脅是美國利益」。在這麼詭異的戰略情勢中，台灣要維護自身利益，不要變成一枚被利用的棋子。

冷戰時期人民所渴望的「和平紅利」是泛指：一旦戰爭結束，就可以用削減的軍費來從事百廢待舉的各種建設。這個傳統的定義，在今天的兩岸關係出現了可喜的延伸及擴大的場景。

當前台灣的國防支出沒有減少，但隨著戰爭威脅減少及兩岸互信增加，「和平紅利」已經帶來了意料不到的發展，如增加了：(1)台灣安身立命的長期規劃；(2)回國定居及短期旅遊；(3)跨國企業的長期投資；(4)台灣的國際連結；(5)建交友邦的數目不再受威脅。

更重要的是，節省了難以估計的人力、物力、時間（從備戰的準備，如採購武器、練兵到軍事演習），可轉用到民間更需要的部門。此外，因兩岸交流項目的擴大，資源（人才、資金、技術、市場、商標等）容易整合，產生一加一大於二的綜效。

南北韓的緊張、以巴的紛爭，可以從台灣和平紅利的實例中，得到追求和平的鼓舞。讓兩岸向世界做最佳的示範：戰爭沒有贏家，和平沒有輸家。

二〇一〇年十月號《遠見》雜誌

50 奈伊的「軟實力」馬團隊正在推動

迎奈伊教授來台演講

享譽國際的領導力學者哈佛大學奈伊教授，應遠見・天下文化事業群邀請，將於十二月上旬來台做兩天旋風式訪問。奈伊兼有學理與實務（曾任甘迺迪政府學院院長及國防部與外交系統要職）的經驗。近兩年來，他對當今最重要的二個國家提出了這樣的建議：

對歐巴馬：處理國際事務不要高估硬實力，要多用軟實力，修正單邊外交思維，匯聚國際共識，做世界舞台上的重要領袖，但不獨占領導地位。

對胡錦濤：中國要多發揮軟實力，如在海外建立孔子學院，成功地舉辦了奧運與上海世博；但是處理諾貝爾和平獎得主劉曉波的方式，卻傷害了中國軟實力的形象。

馬總統的四項軟實力

「軟實力」是指能使別人（別國）願意稱讚、學習、信任、仿效的一種實力，呈現在行為上、政策上、制度上、組織上；如擁有的開放、平等、自由、民主；如大量投資於教育、文化、健康、環保。馬總統在二年前的「華人企業領袖高峰會」中，曾以「厚植軟實力，打造台灣新動力」為題，提出台灣要持續發展四項軟實力：⑴腦的軟實力（發揮腦力，如創新、設計、資訊、科技等）；⑵心的軟實力（要心胸寬大，如慈善、志工及愛心活動）；⑶眼的軟實力（要視野廣闊，看得遠，看到下一代）；⑷身的軟實力（要身體力行，政府部門必須要廉與能）。

他在結論指出：「軟實力可以完成許多鈔票或船堅砲利做不到的事。我們要善用奈伊教授所稱的軟實力，為台灣開創更好更遠大的未來。」這些正是馬團隊在推動的。十年前擔任台北市長的馬英九曾與奈伊長談過。奈伊回憶那次與哈佛校友的聚會時說：「他言談清晰，對他印象十分深刻。」十年後再見時，市長變成了總統。

兩岸關係的突破

兩年半來，馬總統最大的政績就是發揮了軟實力，獲得了兩岸關係的突破。一接任就迅速而果斷地在「連胡五點」的共識上，以競選時所提出的主張——「不統、不獨、不武」，推動直航，北京立刻善意回應。民眾等待多年的直航，終於穿透了台灣海峽上空的烏雲，穿破了那道阻隔二邊的無形之網。

ECFA是兩岸走向雙贏，必須跨越的第一道門檻。在眾說紛紜，甚至不斷被抹黑、汙名化之中，馬總統走上第一線，與在野黨主席電視辯論。被扭曲的

ＥＣＦＡ，終被多數人民接受。雖然付出了難以估計的社會成本，但終於在立法院通過。民眾已具體看到ＥＣＦＡ通過後所帶來的商機與前景。

馬總統二年前，站在兩岸歷史的分歧點上，選擇了對的道路，創造了兩岸關係的新情勢。今後自己要站在歷史的轉折點上，一步一步地前進：

對大陸來台就學、就業、定居、投資等保護性與歧視性規定（如對陸生來台的多種限制）要快速消除。台灣以這些善意來換取我們更多的國際參與。

大陸不能再用撤國旗、排位置、換名稱、爭先後等動作，來傷害善意；台灣也才容易有自信地與對方進入更廣泛打開政治僵局的「機會之窗」，如奈伊所提醒，常常曇花一現。如果兩岸同時多用軟實力，就能事半功倍。

二〇一〇年十二月號《遠見》雜誌

51 十八世紀「分工」創造人類繁榮

——二十一世紀「整合」帶來世界和諧

「分工」有歷史性貢獻

經濟學鼻祖亞當・斯密在一七七六年發表的《國富論》（*The wealth of Nations*）中提出了「分工」（Division of Labor）的重要，分工促進了在當時完全陌生的概念：「比較利益」與「專業化生產」，進而增加了生產，減少了成本，創造了利潤，增加了就業。

彼得・聖吉在新著《必要的革命》（*The Necessary Revolution*）引述的資料指出：在工業革命的第一階段（一七五〇～一八二〇），大量生產的新技術將英國勞工生產力提高了一百倍。因此，工業革命不但改變了工作方式，也改變了生活方式，以及自己和世界的互動方式。

回顧十八世紀末，工業革命的產生、資本主義的興起與市場經濟的萌芽，竟然來自一個今天看來是十分稀鬆平常的「分工」。

二百多年前的「分工」創造了人類生活上的繁榮。但是，物極必反。分工與專業化在不斷擴散與應用的過程中，產生了愈來愈嚴重的副作用。

大家都看到了：分工「太細」與「專業化」太強，造成了各種政府與企業組織、學術機構、及民間單位等的負面影響。

- 溝通費時，難以獲得解決方案。
- 見樹不見林，資源浪費。
- 山頭林立，本位主義。
- 專業內內行，專業外外行。
- 執行力減弱，機會成本增加。

惡性的「分工」，輕則帶來力量的分散，重則帶來組織內部的分歧，甚至分裂。

「整合」是硬趨勢

二次大戰後，面對「分工」的擴散，「整合」自然就應運而生。事實上，「分工」之中必有「整合」的元素，「整合」之中也必有「分工」的機制，端視在哪一個層次上來切割與互助。

從一九四九年起，台灣經歷了國家命運的轉折、經濟的起飛、民主政治的推動、政治權力的更替，以及民間力量的興起。在六十年過程中，前三十年面對兩岸情勢的緊張，後三十年面對大陸經濟的躍升，二者都給台灣極大的不安全感與不確定感，這就是兩岸「分」後付出的代價。陳水扁執政時，曾向對岸拋出過「整合」、「統合」等想法，但都無疾而終。

馬英九二年半前擔任總統後，以「不統、不獨、不戰」的主張，拉近了兩岸關係，並在直航與ECFA等的互惠下，出現了前所未有的兩岸「整合」機會。進入二十一世紀，從國家經濟及社會發展層次來看，「整合」對台灣的挑戰，就是迎接「世界平的」浪潮，融入「世界接軌」的趨勢，面對「全球化」的競賽規則，以及爭取兩岸雙贏的機會。

英法「世仇變盟友」

歐盟是人類歷史上最偉大的資源整合；其中最重要的貢獻是會員國之間的經貿合作，幾乎已經消滅了戰爭的可能。二〇〇八年全球金融大海嘯之後，經濟大國的版圖發生了變化，中國變成了最大贏家。此刻只剩下「經濟二強」——美國與中國（所謂G2），日、德等國只能接受殘酷的現實。《富比士》（*Forbes*）雜誌近日公布全球最有影響力人物排行榜，胡錦濤替代了歐巴馬，變成第一位。百年來的中國從來沒有這樣風光過；更正確地說，從來沒有這樣「高處不勝寒」過。

國際貨幣基金（IMF）也於十一月五日宣布，將大幅提升中國在執行董事會的投票權，從目前三・六五％升至六・〇七％，國際影響力變成僅次於美、日的第三大國。

十一月二日引起全世界最重視的新聞，不是當天的美國期中選舉，而是英國首相卡麥隆（David Cameron）在倫敦與法國總統薩科奇（Nicolas Sarközy）所簽署兩項史無前例的英法軍事合作條約——共同研發核武，共同使用軍事設施（包括航母共用）。此一軍事合作將使英國在未來四年可以刪減約台幣一・八兆國防預算。

此一英法的軍事合作，被媒體形容為從「歷史世仇」轉為「國防連體嬰」，是十九世紀以來增進世界和平重要的一刻。面對一向親美的英國、一向指三道四的法國，美國還能說些什麼？做些什麼？這就是超強美國在布希任內強勢推動單邊外交，濫用硬實力，占領阿富汗與伊拉克，所形成的國力衰退與國際形象受損。

目擊英法的「世仇變盟友」，台灣當然有深切的感觸：我們只有一項理性的選擇：就是朝野同心合力追求「軟實力」與「和平紅利」；並且透過經貿及其他交流，擴大「整合利得」(Gains from Integration)，以及「兩岸雙贏」。在國際權力的賽局中，不論政治光譜上的藍綠，當能體會到「遠親不如近鄰」、「遠水救不了近火」。新加坡一直羨慕相對於中國大陸，台灣所擁有的中華文化與地理位置。

整合邁向和諧

概括地說，資源整合的利益可以來自六方面：

(1)比較利益法則，帶來了互利。
(2)生產因素互補，增加了生產力。
(3)產業規模擴大，減少了成本。
(4)產業鏈的配合，增加了競爭力。
(5)微笑曲線兩端的追求，增加了利潤。

(6)彼此互動的增加，減少了戰爭風險。

這些「利得」就是讓參與整合的企業與組織共賺世界的錢；唯有在世界競賽居於領先的地位，才可能贏得世界的尊敬。

進一步說，人才與資源的整合過程，即是在相互磨合、相互學習之中，凝聚共識，減少對立與自大，變成「命運共同體」。

在人類三百年的歷史中，「分工」帶來繁榮，「整合」會帶來戰爭的減少與世界和諧的增加。

二〇一〇年十二月號《遠見》峰會特刊

52 以「兩岸和平」與「台灣信心」，開拓第二個「中華百年」

「兩岸和平」是前提

百年來我們中國人的歷史，徘徊在絕望與希望之中，毀滅與重生之中，失敗與成功之中，改寫與被改寫之中。這段百年歷史有國家命運的顛簸起伏，社會結構的解體與重建，經濟的停滯與飛騰，文化的踐踏與再生，更充滿了人間的悲歡與離合。

讓我以「中華百年」來簡稱兩岸要共同面對的第二個百年。此刻的中國大陸主要因為硬實力受到國際重視，卻難以得到國際尊敬；台灣則因軟實力的應用，得到國際支持。當前兩岸最重要的良性發展是馬總統二年半以來，以「不統、不獨、不武」的政策，獲得了兩岸關係的突破——從直航、陸客到ECFA簽訂。

十三年沒來訪的《紐約時報》專欄作家佛里曼，於二〇一〇年一月上旬面告行政院吳敦義院長：「台灣海峽已經風平浪靜，兩岸往來如此頻繁，諾貝爾和平獎應當頒給兩岸人民。」已經九年沒來訪的哈佛大學奈伊教授，於二〇一〇年十二月上旬會晤了哈佛大學的校友馬英九總統。他指出：「兩岸關係與台美關係從來沒有比現在更穩定，台灣發揮了軟實力與巧實力。」在另一個聚會中，奈伊教授說：「我要給馬總統的政績評為『A』等。」在場的還有美國在台協會司徒文（William A. Stanton）處長及前國安會祕書長蘇起。

兩岸人民在追求和平相處，美國政府同樣關心的是台海和平。沒有兩岸和平，台、中、美的三角關係就陷入緊張，另一個「中華百年」的「三贏」就煙消雲散。

信。

台灣調整後GDP超越德、日等國

但是，面對經濟實力已是排名世界第二的大陸，台灣還必須要靠實力展現自信。

二〇一〇年十二月英國《經濟學人》出版的《The World in 2011》專刊中，正提供了台灣這樣的數據。在預估二〇一一年各國的GDP中，台灣的「名目」GDP剛好跨越每人二萬美元，但經過「購買力」折算後的GDP，則高達四萬零二百九十美元。這個調整後的「實質每人所得」居然超越了丹麥、瑞典、加拿大、日、法、德、英等國。因此台灣人民的實際購買力已可與這些最先進的國家相提並論。這似乎難以置信但又令人興奮的西方人的估算，當然也說明了為什麼我們去歐洲旅行可以免簽證！

三個發展增加自信

台灣要持續發展，其威脅不僅是對岸的武力，更在於內部的分裂。每逢選舉，統獨之爭、省籍情結與鋪天蓋地的惡言相對，使台灣的民主又遭受一次浩劫；可喜的是台灣的理性力量與中道思維終於漸漸地生根茁壯。

《遠見》民調的數據提供了二組可以樂觀的理由。

(1)台灣過半數人民持續贊成「維持現狀」，十二月做的民調顯示五成五認為民進黨與大陸愈交流，愈能爭取台灣利益；五成四認為民進黨的中國政策應該更開放。

(2)台灣民眾自我認定概念中，自馬總統任職的二年多來（二〇〇八年九月與二〇一〇年十月相比），有了擴大認同的趨勢。

• 泛綠立場民眾自認為「中華民國一份子」的平均增加八個百分點；自認是「中國人」約增加六個百分點（二〇〇八年六月與二〇一〇年十月相

比）。

• 籍貫為大陸各省的民眾自認是「台灣人」約增加八個百分點。

較新的民調中也顯示：

• 居住在北縣市、或三十至四十四歲、或本省客家籍、或高中與專科程度民眾，自認是「中國人」的比率相對較高（五成三至五成八之間），大陸省籍或泛藍立場的民眾則甚至達到約六成八。

• 當前自認是「台灣人」是九成七、「中華民國一份子」八成六、「中國人」四成八；此外，自認「中華民族一份子」八成、「亞洲人」七成二、「華人」六成九。

當九成七自認是「台灣人」時，他們也不排斥其他的稱呼或認同；這樣的自我定位，超越了狹隘的島國心態。

(3)此外，在互不相讓的政壇中，出現了新的發展；那就是台北縣長周錫瑋於二〇一〇年二月宣布退出參選首任新北市市長。在他剛發表的新書《後退，原來是向前——周錫瑋的人生後手學》中指出：「未來不入府、不入閣、不接受酬庸性質的國營企業，徹底裸退。」而且還要替後面接手者著想，使他有順利的開端，這實在是台灣政壇難得一見的選擇。我一再呼籲，只有當政治人物不在官位上「永續經營」時，社會才會因新人輩出而「永續發展」。正如周錫瑋自己認為：「政治路上的退，其實是人生路上的進。」

台灣再出發

上述的三個現象帶來了新氣象：一是兩岸合作交流的大氣候在逐漸形成，二是台灣人民的大格局思維正在逐漸孕育，三是從政者跨越政治的發展空間，已慢慢出現可能。

台灣是一個資源貧乏的島嶼。它有四百年的悲情歲月與六十年來的奮起（經濟）、突破（民主）、徬徨（統獨）與熱情（民間生命力）。面對第二個百年的新航程，台灣此刻有了新的機會再出發。

二〇一一年一月號《遠見》雜誌

53

執政黨較能兼顧台灣利益與和平

——民意也要民進黨調整兩岸政策

兩岸政策是民意試金石

二十年前我們幾位教書人（如沈君山、丘宏達、金耀基）被邀參加國統會擔任研究委員或海基會董事時，那是一九九〇年代初，世局正在大變動。天安門事件發生、柏林圍牆倒塌、東歐轉向、蘇聯解體，歷歷在眼前。我們這些知識份子滿懷能對家國興亡有所建言的使命感。冰凍了四十年的兩岸情勢，能否走向和解？沈教授用心最多，可惜這些聲音，也難以改變李登輝的一意孤行。

二十年後的三月八日，在台北參加海基會舉辦的「20週年學術討論會」，內心不免痛心這麼多年來寶貴時間的流失，台灣原應發揮的經濟潛力就這樣白白地受到阻擋。二位卸任總統，是無法向二千三百萬人民交代的。

美國在台協會台北辦事處長司徒文在會中說得好：近年來兩岸的交流讓台灣增加了自信，並且拓展了參與國際社會的環境。蕭副總統更坦率地指出：未來一年政府的大陸政策將是選舉中的民意試金石。那麼就讓我以民意來做一次檢驗。

去年五月在史丹佛大學舉辦的論壇上，我以當時《遠見》民調歸納出一個結論：「『維持現狀』是台、中、美的共同利益。」在台北的這次討論會上，我再以最新《遠見》民調歸納：民意是支持馬政府的兩岸開放政策，但不是沒有保留。

馬總統談過他年幼時的志願不是當總統，是要當火車司機。這正可用來譬喻他在三年前接任總統後，兩岸交流的列車，終於由新司機，以「三通」啟程。我曾經寫過：「在人類解決歷史重大爭端中，『啟動和解』的時刻，遠比到達終點更重要。」

列車的終站是「雙贏」，但要穿越崇山峻嶺，要經過三個遙遠的大站：「協商」、「整合」與「和平」。何時到達終站，是難以用時間來估計；每一個因素都可以延誤：包括了乘客的要求、火車的速度、行駛的地圖、司機的智慧，甚至人為的故障與惡意的破壞。當前這位司機的駕駛規則是「先經後政、先急後緩、先易後難」。

交流熱絡中的冷靜

近三年來，兩岸經貿的交流從來沒有這樣的熱絡，引用海基會董事長江丙坤整理出的相關數據：二〇一〇年大陸（包含香港）已成為台灣的：

- 最大貿易夥伴：一五二三・三億美元，占二九%。
- 最大順差來源：七一七・七億美元；全球順差二三二・四億美元。
- 最大出口市場：一一四七・五億美元，占四一・八%。
- 第二大進口來源：三七五・八億美元，占一四・九%。

・第一大對外投資地區：九七三・二億美元，占五九・七％。

即使經貿熱絡，台灣民眾的態度卻十分冷靜。二月《遠見》民調發現：民眾認為目前兩岸現況為：

⑴兩個各自發展的國家，七一・四％。

⑵同屬一個分裂的中華民國，一〇・五％。

⑶同屬一個分裂的中華人民共和國，二％。

去年十月民調中也發現：民眾對大陸反感項目依次為：

⑴限制台灣參加國際組織，七七・二％。

⑵不民主、欠缺言論自由，六八・四％。

⑶瞄準台灣的大陸飛彈，六七・六％。

那麼，台灣民眾認為兩岸最終走向哪種關係？二月的《遠見》民調顯示：

⑴生意夥伴或朋友，六一・六％。

⑵家人或親戚，一三・三％。

(3)敵人，七．二%。

這一民意反映了台灣民眾的務實性格，雙方可以變成好夥伴及好朋友；但不易變成親人或敵人。

民眾對兩岸開放的速度及看法，支持馬總統為多，但反對者也不少，二者差距常在十至十三個百分點左右。

問及「開放政策」會：

(1)提升台灣競爭力者，贊成四三．九%。

(2)流失台灣競爭力者，也有三三．八%。

問及「兩岸談判與交流」是否要增或減時：

(1)要更密集的為三五%。

(2)應該減少的為二二．六%。

表一　民進黨應否調整中國政策方向和做法？（%）

●應該更開放 ●應該更保守 ●不用調整

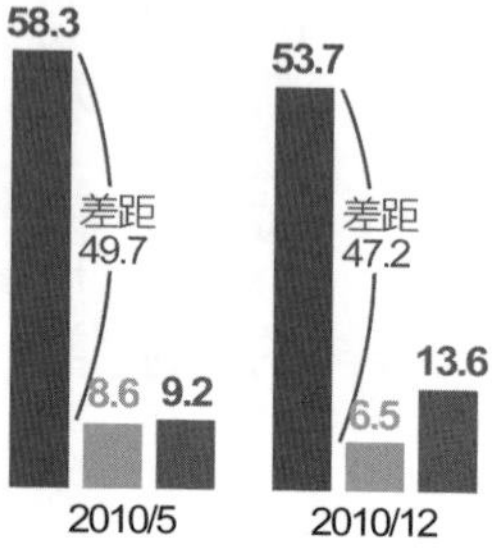

資料來源：《遠見》民調中心，2010年12月

表二　民眾是否贊成馬總統在目前任期內與中共主席胡錦濤見面討論台灣前途和兩岸關係？（%）

●贊成 ●不贊成 ●未回答

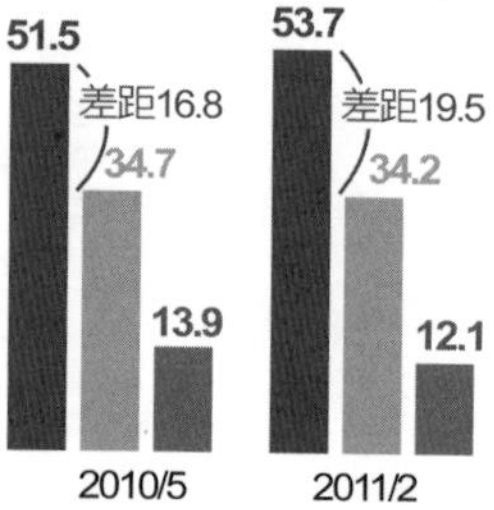

資料來源：《遠見》民調中心，2011年2月

表三　民眾認為哪一黨較能兼顧台灣利益與兩岸和平？(%)

●國民黨 ●民進黨 ●都能夠 ●都不能夠

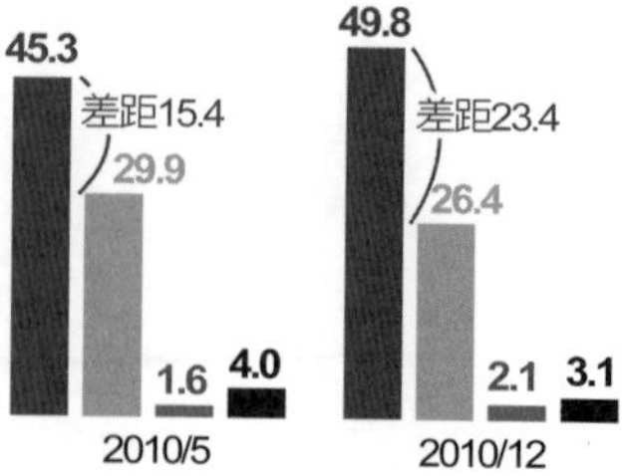

資料來源：《遠見》民調中心，2010年12月

三個重大問題的民意

在兩岸議題上國民黨與民進黨是在兩個光譜的極端，前者走向開放，後者走向保守。民眾是如何來看民進黨的大陸政策？

在去年五月與十二月的二次調查中，表一顯示，超過五〇%的民眾都認為民進黨「應該更開放」，認為「應該更保守」的二次數字，分別為八・六%與六・五%。這點正說明民進黨要參選總統的候選人，必須要對大陸政策做出具體與明確的宣示。

在去年十月《遠見》主辦的「第八屆華人企業領袖高峰會」中，陳長文律師曾向馬總統建議與中共領導人胡錦濤會面。當時引起媒體的熱烈討論。

二月民意是贊成馬、胡二位領導人見面的達五成四，反對的三成四，差距近二十個百分點（表二）。與去年五月民意比較，贊成二位見面的已由五成二上升至五成四。

如果國民黨的領袖連戰、吳伯雄等都已與胡錦濤總書記商討過兩岸關係，現在由兩岸政府的領導人見面，豈不是更象徵兩岸關係的「正常化」？馬總統的公開態度則是：「任內不會跟大陸討論有關統一的問題」。最新的政策宣示是：「互不承認主權，互不否認治權」。

面對明年初總統大選，民眾當然關心「哪一黨較能兼顧台灣利益與兩岸和平？」（表三）顯示去年五月國民黨領先民進黨十五個百分點，到了去年十二月，國民黨的領先提高到了二十三個百分點。這也許說明了為什麼五成四民眾認為民進黨的大陸政策應該走向更開放。

民意（public opinion）常隨偶發事件升降，它可以協助決策者思考，但不能替決策者做決定。主流思維（the will of the people）則是反映較穩定的人民需求，決策者要時時以此為念。

當前台灣人民的主流思維是「三不」與「三要」：不統一、不獨立、不打仗；要繁榮、要民主、要和平。

二〇一一年四月號《遠見》雜誌

54

「我已經改變了台灣」
——馬英九的政策要持續深化

從全球看台灣

二〇〇八年全球經濟進入衰退以來，各國領導人都陷入決策困境；特別是在政治民主、社會多元、輿論分歧、政黨對立、選舉壓力的情況下，執政黨的任何公共政策——稅收的增或減、利率的增或減、社會福利的增或減、政府支出的增或減，以及任何政策工具的組合……，都無法在國會中順利通過，也難以獲得多數民眾的支持。

比經濟衰退更嚴重的是政策癱瘓，因為政策癱瘓使經濟衰退更束手無策。面對癱瘓的局面，就台灣本身而言，我不斷地在思考，有什麼力量可以打開這種政策「僵持」與對抗的「死結」？有什麼願景可以超越政治及意識型態？有什麼理念，可以改善人性最根本的弱點，擔心稅收會增加，又害怕福利會減少？

令人驚訝的是，細數世界各國，尤其是與美國及歐盟相比，他們的就業、通貨膨脹、財政赤字、外債、外匯存底、儲蓄率、外銷，以及經濟成長，都比台灣差很多。

「摩坦森指數」的出現

面對一月十四日的總統選舉，我是一個中間選民，一個中產階級，一個老師，以及自許要做一個進步觀念的播種者。從一九五九年到美國讀書，一直到二〇〇八年，一共關注過十二次美國總統大選。不算福特，其中只有兩位美國總統競選連任失敗，而失敗的原因都是經濟不景氣。

對卡特而言，那就是「痛苦指數」（misery index），雷根問選民：「Are you better off now than you were four years ago?」老布希也是經濟走下坡造成了失敗，記得柯林頓的俏皮話，「It's the Economy, Stupid!」失業與通貨膨脹（物價上升）會增加人民的痛苦。兩者的加總被稱為「痛苦指數」，是由美國經濟學者奧肯教授（Arthur Okun）在一九七〇年代提出。卡特於一九八〇年競選連任時，即因當年「痛苦指數」高達二一・九八%而敗於雷根。卡特四年的「痛苦指數」平均值也高達一六・二六%。

諾貝爾經濟學獎得主摩坦森教授（Dale Montensen）十月來台演講，應邀擔任主持人，我向他展示九個國家的「痛苦指數」（見表一第三欄），說明台灣的「痛苦指數」為全球最低之一，我猜想全場數百位觀眾，都驚訝台灣經濟在國際上的評比竟是如此地數一數二。媒體上的台灣人民不早已水深火熱了嗎？

摩坦森教授除了稱讚之外，向我建議，如果再把「經濟成長率合在一起計算，會有什麼變化？」表一的第四與第五欄就是把經濟成長率與痛苦指數放在一起比較，讓我暫時稱它為「摩坦森指數」或「淨痛苦指數」。這個指數顯示：如果成長率高就可減少痛苦指數，因此，愈低就愈好。

經濟健康與兩岸和平

新提出的摩坦森指數計算中，台灣與新加坡同列第一，此一表現會令其他國家羨慕（見表一第五欄）。有人或會反諷地說：「自我感覺良好。」但是這些數據是活生生地來自英國《經濟學人》。在台灣的政黨競爭下，「無感復甦」、「貧富差距惡化」、「起薪太低」等的批評值得重視，但不能否定馬政府三年多來的具體政績。

表一　痛苦指數與摩坦森指數（愈低愈好）

項目／國家	失業率（%）	通貨膨脹率（%）	痛苦指數（%）		(4)經濟成長率（%）	(5)摩坦森指數	
	(1)	(2)	(3)＝(1)＋(2)	排名	2011年	(5)＝(3)－(4)	排名
日本	4.0	0	4.0	1	0.5	3.5	6
台灣	4.3	1.6	5.9	2	4.4	1.5	1
新加坡	2.0	4.5	6.5	3	5.0	1.5	1
南韓	3.1	4.4	7.5	4	3.9	3.6	5
香港	5.0	3.2	8.2	5	5.8	2.4	4
中國大陸	6.1	5.4	11.5	6	9.0	2.5	3
美國	9.0	3.1	12.1	7	1.7	10.4	8
歐盟	10.2	2.6	12.8	8	1.6	11.2	9
印度	6.8	10.8	17.6	9	7.9	9.7	7

資料來源：根據英國《經濟學人》2011年11月～12月的資料

只要是開放社會，壞的一面就會誇大地報導。短期來訪的朋友感慨地說：「不看新聞，台灣真是小康；看了新聞，台灣變成大貧。」

經濟活動中永遠會有各種問題的出現，顯微鏡底下的問題可以多如牛毛，從水溝不通、路燈不亮到食品不安全、房價太貴、工作難找。人民的「小事」，就變成媒體的「大事」、政府的「急事」。

另一方面，執政黨要以望遠鏡（宏觀視野），用世界標準一清二楚地告訴全體選民：台灣經濟與人民生活，和其他先進國家相比，是值得引以為傲的。我們再也不要缺乏自信把自己看成「第三世界」，這是政府與人民共同打拚的成績。去年來訪的「軟實力」之父的哈佛大學奈伊教授就稱讚過：「馬總統的表現是A。」

另一個影響民主國家大選的因素當然是戰爭與和平。在這裡馬總統有開創性的貢獻。想想如果沒有直航、陸客、ECFA及改善的國際空間，台灣的處境會如何？單就直航而言，節省了多少往返時間、轉機奔波，以及運輸成本。當我從松山機場飛往南京（我的出生地）時，「離家六十年，歸程兩小時」。在那一刻，像萬千台商一樣，親自體會到了「和平的紅利」終於戰勝了「對抗的代價」。

馬總統所提出「洽簽兩岸和平協議」的考慮，是要把「和平」制度化，世世代代的兩岸子弟不要兵戎相見，這真是創造「和平紅利」的大策略。

一個正常的國家，既少戰爭的威脅，又有相當健康的經濟，就像今天的台灣，當選連任是常態，為什麼支持他的人充滿焦慮？這就是民主選舉與言論自由的弔詭。當馬政府的政績一再被報憂而不報喜時，選民就在唱衰聲中被催眠了。

台灣已成華人世界的樂土

自己在中日抗戰中的南京出生，最渴望的是和平；在南港眷村長大，最希望的是生活改善；在美國讀書教書，最嚮往的是民主、自由、公平、正義。幾乎使自己難以置信的是，再回到台灣，所有我渴望的、希望的、嚮往的，都同時出現在今天的台灣：這是大家共同奮鬥所累積的珍貴資產。

- 入國門辦手續不到一分鐘，一張表格也不需要填。
- 任何人都可以公開地批評總統及政府，不需要有勇氣，只需要有時間。
- 報紙及電視出現不實的報導與誇大的評論，即使超越了一個民主社會中的常規，政府也不輕易使用公權力來對付。
- 大多數人都是中產階級，四分之三的人民都擁有自己的房子。只要努力，就有機會；年輕人當然要奮鬥。
- 社會福利普遍，健保方便，生活機能豐富，社會治安良好，在沒有排富條款下，還有各種老人優待，平均稅負又是那麼低。一個稍有積蓄的退休人士，退休在台灣真是華人世界的人間樂土。

掃除貪腐鎖國四年不夠

如果領導人及其左右貪腐自肥，四年一任就已經太長；如果新的領導人及其團隊夜以繼日地在打拚，盡心盡力地在改變，四年一任還是不夠。陳水扁總統八年的貪腐與鎖國，豈能一朝一夕拔根除盡？當民進黨總統候選人否定「九二共識」時，兩岸協商就難以為繼，這是一個重大的不確定感。

三年多來，馬政府外有金融風暴的襲擊，兩岸關係的弔詭，內有民進黨的反對、龐大利益團體的作祟，民眾有強烈的白吃午餐心態，在這多重壓力下，已經做出了眾多具體成績。

從宏觀層次，馬總統(1)以「維持現狀」與「贏得和平」來擱置統獨爭辯，已在追求兩岸雙贏；(2)以提升「全球競爭力」與「台灣優勢」，已激勵出全民創造力；(3)以厚植「軟實力」，做為政府與民間共同追求的目標，已反映在施政優先次序上；(4)以創造就業機會、教育改革、照顧弱勢團體，提高補助等具體措施，來縮短貧富差距。

馬總統在接受《遠見》專訪時堅定地說：「我已經改變了台灣。」他改變的不僅是經濟指標與兩岸關係，更是政治風氣與領導者的言行：守法、清廉、正派、全心投入。我們還能找到一位從政者捐血超過一百六十次，捐款超過七千萬台幣？其配偶（第一夫人）的儉樸與投入公益更是「前不見古人」。

前朝八年的高層貪腐與政策鎖國，害慘了台灣，要徹底扭轉，何其艱辛？為了二十一世紀的台灣的生存與發展，馬總統的全面改革必須深化擴大，不能中途改變。

二〇一二年一月號《遠見》雜誌

55

APEC少了馬習會太可惜

——要正視馬英九總統的人格特質

今年十一月在北京的APEC中，出現了一個兩岸領導人空前相遇的機會。全球第二大經濟體中國領導人，可以以地主身分邀請台灣經濟體領導人與會，這會是六十五年來兩岸官方最高層的首次會晤。可惜去雁棲湖APEC會場的路上，有一道大關卡——那就是對台灣領導人出現在「國際場合」的疑慮。

憂慮兩岸問題的「國際化」與「兩國化」是二十世紀下半葉美國與日本對抗北京政權時代的夢魘。在那個年代，美國超強，大陸很弱，深怕在美日掩護下，台灣變成獨立國。進入二十一世紀，情勢早已改觀，大陸已是美國最大的債權國，五年之內可能超美變成全球第一大經濟體。訪問過台灣二十五次以上的李光耀在新著《李光耀觀天下》（頁四六）中指出：「台灣與大陸的重新統一是時間的問題，這是任何國家無法阻擋的。」

在國力興衰、地緣政治權力丕變，以及不同時空背景中，當年是「美國說了算」，近年來已是「還要看中國怎麼說」。目前跡象顯示，大陸仍對「國際場合」有後遺症的憂慮。北京幕僚想像的場景：從「哈佛二馬」熱絡握手交談，到以後民進黨執政時要循例參加，就像打開潘朵拉盒子，難以收拾。

所幸今天代表台灣參加APEC的領袖是剛得艾森豪和平獎（Eisenhower Medallion Award）的馬英九。他不是一位在國際舞台言行不一、擅長作秀的麻煩製造者。他的人格特質在政治生涯中一直是正派、友善、誠信、沉穩。

北京擁有「主場優勢」，透過事先周延溝通，棘手難解的問題，都會有方法破解。

這真是天時、地利、人和條件下，上天送給兩岸人民舉辦馬習會的禮物。馬總統在台北與世界領袖及學者會晤時，他們對台灣的建議，都是要與大陸發生密切的交流、良性的互動與資源整合。這些領袖包括了美國前總統柯林頓、哈佛大學校長桑默斯（Lawrence Summers）、「軟實力之父」奈伊、競爭力大師波特、諾貝爾經濟學獎得主康納曼（Daniel Kahneman）、趨勢大師奈思比等。

此刻多數民意希望出現馬習會，是盼望馬習會能帶來一些良性效果：

⑴向世界宣示：中國人不打中國人，「兩岸一家親」（習近平語），烽火兩岸變成和平兩岸。

⑵有助化解「中共打壓台灣」的負面印象，改善台灣內部「逢中必反」的心態。

⑶利用會談，共同宣布加強雙方在各方面的交流；尤其大陸可以善意地宣布台商將會享受「國民待遇」，並且在經貿、教育、環保、醫療等領域的興利措施。

如果有了這次馬習會——一切按照約定規範順利完成，那麼所恐懼的「國際場合」，就變成了展示兩岸的「和平櫥窗」。這個場景，向當前紛爭的世界證明：當年要打仗的世仇可以變成合作的朋友。

二〇一四年十月號《遠見》雜誌

56 新總統要做到的三個關鍵詞

未見「君子之爭」

台灣的選舉，尤其總統大選，已使人民對我們的民主政治無法產生驕傲。對民主再執著的鬥士，內心也有深沉的疑慮：為什麼選舉會淪落到「你死我活」的地步？二〇〇四年三月十九日陳水扁二顆子彈的刺殺，及二〇一〇年十一月二十六日一顆子彈穿越連勝文臉孔的槍擊，變成了「不信者恆不信」的政治懸案。

我們所嚮往的「君子之爭」從來沒有出現過。在競選團隊的核心及外圍組織的算計下，打擊對方的影射、抹黑、指控、捏造……，透過文字、圖片、名嘴、網路，一波又一波地傾巢而出；其中網軍變成了最新的武器。無論哪一邊參選人當選，早已被醜化得「遍體鱗傷」。每四年一次的總統選舉，全民就要經歷一次愈來愈惡劣的人間煉獄。

「受騙」比「無知」更可怕

當前媒體上已經出現了對總統候選人真假難辨的抹黑材料。我歸納過「媒體誤國」的後果：

- 把「壞」消息當成「好」新聞來熱賣。
- 把做壞事的「惡人」當成「名人」。
- 把翻雲覆雨的「政客」當成「英雄」。
- 把信口開河的「發言」當成「專家」。
- 把違反原則的「小人」當成「功臣」。
- 把堅守原則的「君子」當成「無能」。

這是言論自由氾濫誤用下的痛心現象：報導汙名化、評論兩極化、善良邊緣化、正派被醜化。

這種惡質的傳播沒有改善前，寧可「少看」、「不看」，也不要被「誤導」、「受騙」。對任何善良的人，「受騙」比「無知」更可怕。

「裸退」是最後的貢獻

近二年來已有年輕學生投入政治抗爭，今年春天已延伸到中學生；另一面，還是有迷戀政治權力已經退休的老人，一再地不肯放手。台灣出現了「老」、「少」同樣熱中政治的稀罕現象。

年輕時失敗了，可以高呼「我再回來」。美國回來的老同學，看到台灣政治人物的「愈老花樣愈多」的情景，不禁說出：「台灣人不論年紀，都愛打拚。」一位懂政治預測的朋友說：「不肯裸退的人，最終發現自己躺在沙灘上，是那麼地孤獨。」

面對這些候選人，選民要選誰並不難。受過良好教育的沉默大眾心中有一把尺——一把是非、對錯、黑白之尺。票是要投給那些有品德的人，那些有原則的人，那些有悲天憫人之心、謀求國家發展、創造社會和諧、增加人民幸福的候選人。

「說真話」是起碼條件

有民主悠久歷史的國家，早就提醒後來者要認清民主選舉帶來的弊病。獲得三次普立茲新聞獎的佛里曼，在《我們曾經輝煌》（*That Used To Be Us*）中指出，當前新聞媒體對現代社會的四大影響：

(1)它強化了黨派之間的對立。
(2)常取悅較小的聽眾，強化既有看法。
(3)他們把新聞當娛樂，政治當運動。
(4)提供大眾爭議性的題材，盡量挑起衝突。

他又指出：在「錯誤的訊息通常會引起更多注意」時，社會也就難於安靜。美國政治體系的癱瘓，媒體的「負面貢獻」功不可沒。

他甚至戲謔地說：美國就做「一天中國」（one day China），用威權政治把所有的難題解決，第二天再回到民主體制。

民主選舉變成了參選人以納稅人的錢以及後代子孫要負擔的債，公開地、合法地、引誘人地開出無法兌現的選舉支票，來贏取選票。果真敢說加稅的「實話」，那就一定落選。

讓台灣這次大選出現一次奇蹟，讓那些不敢說真話的，那些滿口謊言的，那些前後矛盾的，那些實問虛答的參選人出局。試提六個問題，哪位參選人敢說出真心話？

(1)用什麼具體方法維持和平及增加合作？

(2)用什麼具體政策，取得兩岸雙贏，既增加台灣實力，又增加台灣自信？

(3)如何能使富者真的多付稅，低所得者真的得到更多照顧？

(4)台灣有些物價低，你認為應該調升電價、油價、水價、學費等項目嗎？讓使用者合理付費，讓低所得者合理補貼？
(5)用什麼積極方法調整薪資？增加就業機會？鼓勵年輕人自立奮鬥？
(6)哪種情況下啟動「核四」，是一個選項？

當前我自己最關心的另一個議題是台灣從國家政策到人民心態都不夠「開放」。所有的參選人，請真誠地告訴大家：台灣要怎樣走向「開放」？

開放、和平、幸福

總統選舉像戰爭，是贏者通吃。看到獨裁的可怕，就相信只有靠選舉來制裁；正如經歷過戰爭，就會把「和平」放在「重中之重」的首位。

台灣高品質的民主還遙不可及；所幸戰爭的引爆已遠離。在馬總統推動的「九二共識，一中各表」及「不獨、不統、不武」宣示之下，明年選出的女性新總統，她最大的責任就是要持續保持兩岸穩定及和平，並且力求相互拓展與整合。

緊鄰著世界第二大經濟體的大陸市場，如果視而不見；甚至回到李陳總統任內的「戒急用忍」、「一邊一國」，台灣就會立刻陷入兩岸關係緊張的折騰中，以及台、中、美、日四邊軍事交鋒中。台灣人民將陷入前所未有的焦慮。

當前只有一・六%左右的經濟成長率，迫使新總統的首要目標，就是要實話實說：「開放台灣、追求和平、增進幸福」。這些總統參選人還有更好的選擇嗎？

二〇一五年九月號《遠見》雜誌

57 慈悲的思路．兩岸的出路

——共建民主品質．人民幸福．兩岸雙贏

出現了另一位「參選人」

六月三十日在《人間福報》第一次讀到趙無任的文章，就被其標題及論點吸引：「選舉大樓的成功與倒閉」。

文章中寫著：「建樓的人，在那裡默默地為社會、為經濟、為大眾打拚，他們都沒有聲音；但拆樓的人，他們的聲音響亮，在那裡吼叫、呼喚、機械嘈雜、樓倒頂塌，實在亂七八糟。」、「這個世間上總要有人出頭，就像一個大樓有個頂，總要有人登頂……你為什麼不助成大樓的興建呢？……高樓倒了，對你有什

麼好處呢？正值選舉的時候，希望蔡英文、洪秀柱會倒閉的人，你們可以思之思之。」

沒想到七月一日又讀到第二篇：「讓台灣兩黨有十萬個總統候選人」；七月二日又讀到第三篇：「兩位女性競選總統是台灣的榮耀」。這樣的連載就立刻引起了大家高度的關注。見了面問：「誰是趙無任？」猜測的範圍很快就集中在星雲大師身邊的大弟子及他自己。如果是他自己，在他全年無休每天工作不停中，哪有時間與腦力，寫出一篇又一篇，一千多字到三千字的文章，三個月來沒有間斷；內容上所環繞「選舉」的角度是那麼多元，引證的典故是那麼豐富，敘述的方式是那麼貼近現實，傳達的訊息是那麼地令人動容。

因此，有人說：「趙無任」變成了這次總統大選中另一位「參選人」——參加選舉理性討論，提升選舉品質的「無名氏」。大家不知道他在哪裡，但他的評論已經不斷地擴散、流傳、轉載、討論；他一夕之間變成了可以影響選民的「無形力量」。更有人說：「趙無任要出來競選，我投他一票。」

當友人問起「誰是趙無任？」時，我說：「他憂慮台灣民主的沉淪、兩岸合作交流的變數、中華民族的前景；他的看法實在是代表了絕大多數沉默者的心聲。」

謎底揭曉

謎底終於揭曉。九月五日星期六晚上，佛光山上舉辦一場論壇，題目是：「趙無任的啟示」。受邀的有：台灣與大陸學者各一，《人間福報》社長及我自己，主持人是王力行。九時正就在討論結束那一刻，大師突然出現在現場，千餘位現場聽眾及弟子站起來，在驚喜中報以熱烈的掌聲，久久不停。他剛從大陸演講回來，從桃園機場趕回佛光山，他向大家說的第一句話是：「趙無任就是我。」又是熱烈的掌聲。原來二個多月來，每天讀到「台灣選舉系列評論」的趙無任，真的就是星雲大師自己。那一天發表的文章題目是：「什麼資格才能成為『台灣人』？」

當他出現在眼前時，我們看到了一位年近九十、永不放棄的長者，聽到了有些微弱、但堅定的聲音，想到了人間佛教在他六十年耕耘下的影響力，又達到另一個高峰。

取名趙無任，大師的想法是：「趙」為百家姓之一，代表的是「大家」，「無」是「無我」，「任」是「責任」，合起來是「一個無私、有責任感的老百姓」。這真是一個平民非常平實的自我要求。

次日清晨，很難得幾位友人去到大師寫一筆字的房間。此刻大師已在長長的書桌上，寫了幾幅字：「佛」與「禪」；每個字是那麼厚重挺立。突然間我想到：「大師如果你題『趙無任』，將來出書時，會是一段佳話。」他果然微笑點頭，當場書寫了「趙無任」三個字，並題上星雲。那是歷史性相遇的一刻：「趙無任」出現在大師的一筆字書法中；趙無任的憂慮化解在星雲大師的慈悲之中。時間是二〇一五年九月六日上午八點三十四分。

有思路，就有出路

十月上旬，天下文化與《人間福報》將把趙無任七十篇文章，編集成書，暫定的書名是《慈悲的思路・兩岸的出路》；大師一筆字書法的「趙無任」會首次出現在這本重要著作中。

「趙無任」不再是個「謎」，筆名給了大師更多發揮的空間；「台灣選舉」在趙無任的筆下，不應當再是個死結。大家認真地細讀這本書，台灣的民主品質與社會和諧就會有轉機。

這本著作的論點是跨黨派、跨族群、跨世代、跨宗教。凡是對台灣選舉、兩岸交流及社會長期發展有利的觀念，大師都提了出來，供大家一起來思考和討論。

尤其在選舉前夕，這不是一本「政治正確」之書，這是一本「慈悲思路」之書。

如果因為這本書的說服力，產生了良性的反省及改革的力量，那麼對民主失去信心的台灣選民，也許在這次選舉落幕後，會漸漸地發現：府會關係在逐漸改善；媒體及民代減少了起鬨及作秀，評論時出現理性的平衡；「利益團體」不會明目張膽地利益勾結；爭取人權與自己利益的同時，不會傷害沉默大眾的利益；除了照顧低所得及弱勢團體外，「有能力的人多付稅」，變成了一種可能。這是一條台灣民主應當要走的康莊大道。

很多人相信：有佛法，就有辦法；很多人也相信：有思路，就有出路。這真是我們出版這本著作的願望。

二〇一五年十月號《遠見》雜誌

58 新總統要提出——二種腦袋改變台灣

面對大陸經濟實力，腦袋非變不可

十月十日英國《金融時報》，根據ＩＭＦ與Consensus Economics預測，列舉了二〇一五至二〇二〇年間，十個國家對全球經濟成長貢獻度的排行榜（附表）。

前三名的貢獻度為中國大陸，接近三〇％；印度近一五％；美國一〇％。其餘七國包括了印尼、墨西哥、南韓、巴西、奈及利亞、英國及土耳其，都在三％以下。值得注意的是德、日、法等傳統大國均已被拋棄在十名以外。

The biggest contributors to global growth

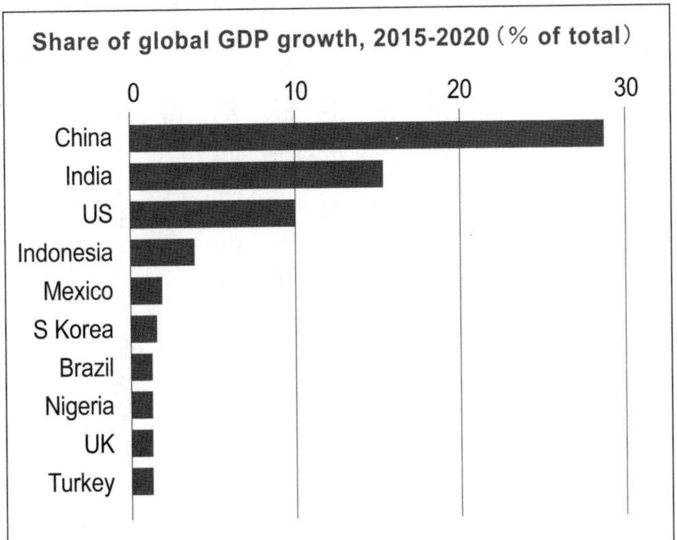

資料來源：引自《金融時報》2015.10.10

對「抗中」的、「親美」的、「媚日」的政治人物，看到這樣劇變中的世界經濟，為了台灣的長期發展，最迫切需要的是「換腦袋」——改變思維與心態、改變政策與戰略。

「變」可以產生好與壞、成與敗、善與惡、是與非的二種結局。歷史上充滿了各種令人稱讚或令人痛心的例子。台灣在一九五〇～八〇年代，經濟的落後與大陸的挫敗磨練出死無退路的「變」，產生了經濟奇蹟。

中國大陸在文革之後的一九七〇年代後期，鄧小平大膽地推出了改革開放；居然能在不到四十年中，使貧窮落後的社會變成世界第二大經濟體。這種「變」產生了空前的轉機。

此刻兩岸都面臨新的挑戰：台灣陷入「新平庸」；大陸追求「新常態」（參閱《遠見》雜誌二〇一五年二月號拙文）。台灣與大陸非「變」不可。

陷入「新平庸」的台灣，在不確定的大氛圍中，政府不敢做大決定，產業不敢做大投資，民間不敢有大作為。一個花了半世紀構建的小康與成長的台灣，在逐漸解體。所幸馬政府在兩岸關係上有建設性的貢獻，穩住了和平、安定、人心。

台灣要「換」腦袋

台灣怎麼應變？政府如何對付？明年一月選出的新總統，只要敢對症下藥，無私而勇敢地「變」，會得到選民的支持；但要真正做到，必先要提出：台灣急需二種腦袋，才能救台灣。

先討論「換」腦袋。過去半世紀來，政治領袖換腦袋最產生實效的例子就是鄧小平。一九七八年鄧小平如果沒有換自己的腦袋，沒有再換共產黨裡面重要幹部的腦袋，哪裡會有中國的改革與開放？哪會有今天的經濟大國態勢？傅高義（Ezra Vogel）教授在他《鄧小平改變中國》一千一百頁的大書中敘述鄧小平的改革。很清楚地看到他「換過」三次腦袋：一九四九年之前是一身是膽的「革命家」；一九四九年中共建國後成為三起三落的「改革家」；一九七八年後更是敢作敢為的「實踐家」。

台灣的政治領導人李登輝至少換過四次腦袋。

(1)在一九八八年接任總統前是「反對台獨，追求統一」；(2)擔任總統任內的一九九六年，倡導「兩國論」，引發台海危機；(3)二〇〇〇年任滿後，四處散發「親日仇中」言論；(4)二〇一五年七月訪日更說：「日本占領時，自己是日本人」、「不同意台灣是中國的一部分」、「釣魚台是日本的」。

如果國力與領導人腦力有關，那麼比一比鄧李二位的腦袋，就可以猜測大陸與台灣今天的處境及國際地位。

在當前台灣民粹四處瀰漫下，尤其在總統大選中，誰敢說政治「不」正確的話？只要國民黨的洪秀柱一提「一中同表」、「終極統一」，就立刻被曲解抹紅；她有花木蘭的壯志，卻以岳飛的悲壯謝幕。

共產制度下的洗腦不可取；在民主社會中，唯有靠進步觀念來改換落伍的腦袋。不久前在討論「大數據」的論壇中，聽到行政院副院長張善政提到政府部門對資訊的公開，要加快換腦袋，深獲我心。

台灣要「借」腦袋

過去四十年來，世界上用「借腦袋」的策略，最耀眼的例子應屬杜拜。二次參訪中，我都看到了「借腦袋」的威力。

不到三十年時間，一個落後的沙漠漁港成功地轉型為全球度假、購物及金融中心，每人所得已超越三萬五千美元。杜拜政府憑想像力與執行力，訂定願景及藍圖，以開放策略吸引國際人才及資金，推動突破性與炫耀性的大計畫，產生了跳躍式成長，使杜拜獲得了「化不可能為可能」的「沙漠奇蹟」。《紐約時報》居然稱讚杜拜的領導人為「全球旅遊業最佳企業家」。雄心萬丈的杜拜官員，最喜歡「追求第一是唯一的選擇」，「好」是「最好」的敵人。

看到杜拜官員對願景有信心，更使人懷念台灣經濟起飛時的那群廉能官員：尹仲容、孫運璿、李國鼎、趙耀東、王昭明……。台灣也曾有過輝煌的紀錄：在經國先生主導經濟政策年代（一九六九～一九八七），平均年經濟成長率為九％，平均年出口成長率為二六％，平均失業率為一・七％。官員們當年就是勇敢地「換」自己腦袋，走向開放；同時務實地引進外來人才，「借」他們的腦袋，參與投資與建設（如張忠謀）。

二百年來的美國，更是在全世界中用非常友善開放的移民政策，吸引到了全世界諾貝爾級人才（如楊振寧、李政道、丁肇中）。想想如果美國沒有愛因斯坦、熊彼得（Joseph Schumpeter）、海耶克（Friedrich Hayek）、杜拉克、貝聿銘、馬友友……美國社會的面貌會變得多麼地蒼白！

一定使台灣人驚訝不已的是，香港大學的校長馬斐森（Peter Mathieson）是英國人，英格蘭銀行總裁馬克·卡尼（Mark Carney）居然是加拿大人，而且是擔任過加拿大中央銀行的總裁公開徵聘來的。《紐約時報》形容這是三百餘年來英國政府最破格的任命。台灣公部門的決策者及「人才」清一色是自家人——黃面孔、熟面孔、老面孔。

我們三位總統候選人，請告訴選民：你要用什麼方法大規模地來「換」那些僵硬、膽小、短視、反對者的腦袋？再如何來「借」圈子外的、國際的、世界一流的腦袋，加快地把台灣融入世界？

當明年五月二十日總統就職時，如果前後左右全是大圈子裡的熟面孔、小圈子裡的老面孔，這樣的場景，是使你興奮？還是緊張？

二〇一五年十一月號《遠見》雜誌

59 馬英九謝幕前的高潮
——馬習會的出現

沒有和平，台灣就一無所有。
馬英九輸了國內政治鬥爭的戰場，
卻贏得了兩岸和平的歷史定位。

一 「握」泯恩仇

馬英九與習近平在全球六百多位中外媒體前，首次見面熱烈握手。這是一九四五年國民黨蔣介石與共產黨毛澤東見面後的第一次兩岸領導人會面，時間是二〇一五年十一月七日下午三點，地點是新加坡香格里拉酒店三樓。

此一歷史性鏡頭，折射出的是國共兩黨經過長達超過半世紀的鬥爭、戰爭；對峙、對立；終於跨越了「互相排斥、互不信任」的最後一里，出現了一「握」泯恩仇。

鄧小平地下有知，也會興奮地說：「國際場合，國內場合，只要能解決問題的就是好場合。」在電視機前，我想到中國大陸的戰亂，台灣被日本占領，與兩岸人民半世紀以來從貧窮中的奮起，在激動的淚光中：

- 看到八十一秒的握手、揮手、微笑、側身。
- 聽到「和平鐘」的聲音已響。
- 見到「兩岸橋」已經搭建。
- 想到「中國人打中國人」的夢魘漸漸消失。

我們的資深特派員楊永妙在現場下午三點整拍下馬習二位的握手及揮手的影

片。三點零二分傳送回台北總部，《遠見》雜誌Facebook於三點十二分上傳「馬習會」現場「世紀之握」影音，創下台灣最優先從新加坡回傳現場影像的平面媒體。

「馬習會」就是「和平會」

為什麼「馬習會」那麼重要？答案只有一個：因為「和平」的重要。為什麼「和平」重要？因為另一個選擇：戰爭，是人人唾棄的災難。

馬習會後，馬總統在美國大報《今日美國》（*USA Today*）發表專文，告訴西方讀者：「會面只有一個目的：鞏固台海前所未見的和平與繁榮。」、「雙方領導人已經確認，只有和平才能為雙贏目標鋪路。」我從來沒有這樣盼望：國家領導人的公開講話一定要算數。

我是在中日抗戰及國共內戰中長大。自己經歷了二十世紀上半世紀的全面戰亂。中日抗戰中千萬軍民死傷；後半世紀的大陸與台灣軍事對峙；幸有台灣海峽的阻隔，避免了台灣島上發生打仗的悲劇。

自己出生於南京，十三歲到台灣，二十三歲去美國讀書。從一九五九年秋天到達美國那一刻起，脫離了戰亂的陰影。眼前第一次看到了真正安定、自由、奮鬥、創造富裕的現代社會。上天太寬待了這個東方年輕人，那天堂般的歲月中，在校園讀書、教書；在大學城成家、立業。

從此，我最大的嚮往就是「和平」，最強烈的反對就是「戰爭」。午夜夢迴想到的是：哪一天大陸與台灣能像美國社會一樣？

在英文字彙中，最使我著迷的是：

- **Peace-maker 和平使者**
- **Peace treaty 和平條約**
- **Peace dividend 和平紅利**

百年前設立的諾貝爾獎真有遠見：只有「和平獎」，沒有「勝利獎」。「和平」在我思維中生根、血液中奔騰，變成了我最要推動的進步觀念。用經濟學上機會成本的觀念，「戰爭」更是最可怕的支出、最大的浪費。

沒有一個國家因為教育預算比例過高而財政破產；但歷史上窮兵黷武，軍費過高，拖垮經濟，終致政權崩潰的例子不少。

艾森豪這位二戰的英雄，在美國總統卸任前沉痛地指出：

「每一枝造好的槍、每一艘下水的戰艦、每一枚發射的火箭，最後說來，都相當於對那些飢餓無糧者和寒冷無衣者的偷竊。窮兵黷武的世界，不僅只是消耗了錢財，也消耗了勞動者的汗水、科學家的才智，以及下一代的希望……，這絕不是我們應有的生活方式。」

艾森豪應當得諾貝爾和平獎。

「和平紅利」創造者：馬英九總統

「在兩岸關係上，要一年補八年。」這是馬總統剛接任時的談話。

沒有馬總統接任後立即果斷地推動兩岸互動（包括直航），就不會有大陸領導人近年善意的宣示：海峽兩岸中國人有責任共同終結兩岸敵對歷史，竭力避免出現骨肉同胞兵戎相見，讓後代子孫在和平環境中攜手創造美好生活。

馬總統也一再呼籲：兩岸和平是為台灣提供了「創造嶄新情勢，分享和平紅利」的新機會。雙方的善意，終於開啟了兩岸和平的契機。

馬總統近八年來影響深遠的政績，就是兩岸獲得了前所未有的、多層面的互動：包括制度化的協商、經貿、文化、教育、金融、科技、醫療、觀光等領域的拓展。

馬總統在二〇一二年提出「東海和平倡議」；二〇一五年提出「南海和平倡議」，立即獲得了國際上普遍的肯定，也完成了馬總統卸任前的區域戰略拼圖；並稱讚他的「活路外交」，認同他是「負責任的利益關係者」、「人道援助提供者」。我國免簽證的友邦數目，因此而躍升至一百五十八個。面對本土台獨及媚日勢力，大陸「促統」、「一中」的壓力，美國的「指導棋」，馬總統能在維護國家尊嚴及台海和平之下，屢屢獲得兩岸及國際突破，實屬不易。

《遠見》雜誌於十月二十八日「華人領袖遠見高峰會」上贈與的「和平貢獻

獎」，是肯定馬總統為台灣開創了政府的施展空間、調整了政策優先次序、擴大了民間與世界接軌。

當馬英九當選第一任總統時，民眾相信馬英九的人品、操守與權力節制。大家沒有認清：民主政治有它內在的衰敗機制。不給別人紅蘿蔔，不用棍子制服對手，一己之「正派」敵不過四周之「黨（擋）派」，政策之「美意」勝不過民意代表及利益團體串連之「生意」。在意識型態及各種勢力相互糾纏利用掩護下，馬政府施政陷入困境，幸有最重要的政績——「和平紅利」的出現。

馬總統在最棘手的兩岸問題上，選擇了一條正確的道路——兩岸和平。

歷史會記載：馬英九總統（二〇〇八~二〇一六），是百年來構建和平、開拓紅利，已見實效的政治領袖。

大陸是台灣經濟的墊腳石

二〇〇八年五月馬英九接任總統以來，兩岸關係在「九二共識，一中各表」

的默契下，台海烽火進入前所未有的風平浪靜。但是從經濟發展的策略來看，兩岸融合的廣度與速度、厚度與力度，在台獨意識或明或暗地牽制及反對下，仍是遠遠不足的；這就造成了國民黨執政時代領導人沒有膽識，搭上一九八〇年代以後大陸這班快速的成長列車；這就阻擋了台灣經濟的脫胎換骨。昨日決策之延誤，造成了今日台灣經濟之困局。

討論總統候選人的兩岸政策，當然是總統大選中嚴肅的政策問題；一旦處理不當，就會產生台灣的不安和兩岸關係的惡化。解決兩岸政治僵局的重要目的，除了和平大業，還是要理順兩岸經貿、教育、文化、科技、環保等領域的共同發展與整合，其中值得討論的一個主題是：「台灣經濟」如何面對「大陸市場」？我的看法：要把大陸市場看成墊腳石，不是絆腳石。

隨著大陸經濟水漲船高

「馬習會」中，習近平明確表示：「我們願意與台灣同胞分享大陸發展機遇，兩岸可以加強宏觀政策互通，發揮各自優勢，拓展經濟合作空間，做大共同利益蛋糕，增強兩岸同胞的受益面和獲得感。」習近平在「馬習會」中表示歡迎台灣同胞參與一帶一路建設，並以適當方式加入亞投行。

曾經是國民黨總統參選人的洪秀柱表示過，兩岸問題是台灣未來的「重中之重」。面對大陸免驚，「我們可以站在他們的肩膀上乘勢而起，他們水漲，我們船高。」但必須指出：唯有我們領導人有意願，能與對方構建互信與合作，所漲之水，不會船淹，而會船高。

政治家要以人民福祉為重，選擇走對的路，為下一代開闢大舞台；政客不能再在恐懼與猶豫中，錯失良機，陷後代子孫於困頓之中。

二〇一四世界GDP排名的訊息

根據IMF及相關經濟體提供資料，從表一中，可以看清當前各國經濟實力。讓我指出幾項，供讀者參閱。讀者也可以隨自己需要，做出各種排列組合的

表一　2014 世界 GDP 排名（億美元）

排名	經濟體	GDP（億美元）	排名	經濟體	GDP（億美元）
1	美國	174,189.25	23	波蘭	5,466.44
2	中國	103,605.7	24	阿根廷	5,401.64
3	日本	46,163.35	25	比利時	5,346.72
4	德國	38,595.47	26	中華民國台灣	5,295.5
5	英國	29,451.46	27	挪威	5,002.44
6	法國	28,468.89		河北省	4,789.53
7	巴西	23,530.25		遼寧省	4,660.18
8	義大利	21,479.52		四川省	4,645.55
9	印度	20,495.01		湖北省	4,455.14
10	俄羅斯	18,574.61		湖南省	4,403.28
11	加拿大	17,887.17	28	奧地利	4,371.23
12	澳洲	14,441.89	29	伊朗	4,041.32
13	韓國	14,169.49	30	阿聯	4,016.47
14	西班牙	14,068.55		福建省	3,916.1
15	墨西哥	12,827.25	31	哥倫比亞	3,849.01
	廣東省	11,036.05		上海市	3,835.54
	江蘇省	10,595.87	32	泰國 *	3,738.04
	山東省	9,674.19	33	南非	3,500.82
16	印度尼西亞 *	8,886.48		北京市	3,472.49
17	荷蘭	8,663.54	34	丹麥	3,408.06
18	土耳其	8,061.08	35	馬來西亞 *	3,269.33
19	沙烏地阿拉伯	7,524.59	36	新加坡 *	3,080.51
20	瑞士	7,120.5	37	以色列	3,037.71
	浙江省	6,536.68		香港	2,896.28
21	奈及利亞	5,736.52	38	埃及	2,864.35
22	瑞典	5,701.37	39	菲律賓 *	2,849.27
	河南省	5,687.86	40	芬蘭	2,711.65

資料來源：國際貨幣基金組織、中華人民共和國國家統計局。

注 1：世界 GDP 總和為 773,019.58 億美元；歐盟 GDP 總額為 184,953.49 億美元。

注 2：中國 GDP 總值超過 158 個國家 GDP 總和，亦高於東協十國（*）再加上日、韓、印度等國 GDP 總和。

比較。研究統計的西方學者提醒：數字不騙人，騙人者玩弄數字（Figures don't lie, liers figure）。

在四十個經濟體中，除中國之外，還有十四個屬於中國的。其中有十一個省、二個市（上海及北京），及一個特區（香港）。在十一個省中，如以廣東、江蘇、山東來比較，每一省之GDP居然相當排名十五的墨西哥，亦即高於十六名以後任何經濟體。

(1)中華民國（台灣）排名二十六，大陸有五個省，其中每一個省（如廣東、江蘇）的GDP超越台灣。

(2)廣東與浙江二省的GDP相當於俄羅斯。

(3)廣東、江蘇、山東三省GDP的總和全球排名第五，略高於英國或法國。

(4)上海市相當於排名三十一的哥倫比亞，其GDP居然高於泰國、馬來西亞、新加坡、菲律賓等任何一國。

(5)中國GDP總值高於東協十國加上日、韓、印度等國GDP總和。

對台灣而言，大陸這樣龐大的市場與商機，兩岸關係好就會水漲船高；否則就可能水高船淹。

正如馬先生在閉門會談中告訴習先生：七年多來兩岸簽訂了二十三項協議，創造了四萬多學生交流，每年八百萬旅客往來與一千七百多億美元貿易的榮景。這些重大改變的基礎都在於「和平」。

需要一提的是：一九九〇年代中期在台灣還出現大陸經濟「崩潰論」與「成長論」的辯論。李前總統是悲觀的前者，他的日本好友大前研一是樂觀的後者。後來二人漸行漸遠，「戒急用忍」證明其錯誤。

大陸經濟今後要轉為「新常態」（七%左右），過去的高速成長（八%以上），以後是「做不到、受不了、沒必要」。《經濟學人》指出：「全球大老闆們要調適放慢的中國經濟。」

當前雖然台灣經濟陷入困境，但仍有老本與蓄勢待發的民間生命力（活力＋財力）。英國《經濟學人》《二〇一六世界預測》專刊中，台灣的人均所得為兩萬一千六百八十美元，但經過國際評價指數（PPP）折算，就高達四萬五千六百四十美元，全球排名十四。調整後的台灣個人所得比加、英、法、日、韓等國都高。大陸排名五十二，人均PPP為一萬五千四百四十美元。

沒有和平，五大皆空

自己研習經濟發展這個題目已經超過半世紀。如果現在要根據多年來的教學研究與各國觀察，總結這些年的心得，我認為中華民國發展的優先次序應當是：

(1)和平：沒有和平，一切落空。
(2)開放：沒有開放，一切空轉。
(3)經濟：沒有經濟，一切空談。
(4)教育：沒有教育，一切空白。
(5)文明：沒有文明，一切空洞。

環繞馬習會的核心談話，就是馬先生強調的：「海峽兩岸已大聲向全世界宣示鞏固台海和平的決心，以及促進區域和平訊息。」和習先生指出的：「……堅持九二共識，鞏固共同政治基礎，堅定走向兩岸和平發展道路，保持兩岸關係發展正確方向，深化兩岸交流合作，增進兩岸同胞福祉。」

沒有和平，台灣就變成「五大皆空」。

馬英九輸了國內政治鬥爭的戰場；卻贏了兩岸和平的歷史定位。

在十月二十八日《遠見》雜誌贈獎馬總統「和平貢獻獎」時，朗誦了十二行短詩：（馬總統參加馬習會回來後，接受《遠見》採訪時，寫下了六個字送贈：「遠見確有遠見。」）

和平，兩岸一家

(1)大地

大地不屬於步兵
天空不屬於戰機
海洋不屬於兵艦

(2)平安

家人不再哭泣於墳場

平安超越了代代悲傷
團聚散布在四面八方

(3)和平
不統、不獨、不武
存同、化異、包容
馬英九敲響和平鐘

(4)一家
戰爭沒有贏家
和平沒有輸家
兩岸變成一家

二〇一五年十二月三十一日發表於《人間福報》
原題為〈看人間 馬習雙手 緊握的是和平〉

第五部

蔡英文總統執政

（二〇一六～）

台灣經濟的困境，就是台灣民主困境的延伸與廣大。

台灣從一九八〇年代的「民主」，很快陷入一九九〇年代的「民粹」，現在更進入「民醉」時代。「民主」不完美，但不能放棄，需要不斷修正補強。「民粹」短期或載舟，長期必覆舟；「民醉」是指政治人物在選舉時用誇大的承諾與恐嚇的語言，「麻醉選民」，獲取選票。

大家熟悉「民主」和「民粹」；為了比較，自創「民醉」這個新詞。粗糙地說：民主是人民「作主」，民粹是意識型態「作祟」，民醉是「選舉支票」的美麗承諾，與政治操弄恐嚇下的麻醉。愈高職位的政客，為了求勝，透過各種手段，違反了法律規範、行政中立，以及公平、透明、不抹黑等的競爭原則。

60 期盼新總統蔡英文堅持推動

——兩岸和平・台灣開放・文明提升

民進黨「完全執政」

二〇一六年一月十六日華人世界產生了第一位女總統蔡英文。她獲得近六百九十萬票，得票率為五六・一二%。在國會一一三席立委中，民進黨獲六十八席，正式進入該黨第一次「完全執政」的新時代。當選後她下達的第一個命令是「謙卑、謙卑、再謙卑」，這是創造團結凝聚共識的好開始；但不接受國民黨提出多數黨組閣的建議，又再度顯現兩黨之間互信的缺乏。

行政院毛院長在開票接近尾聲時，就發表聲明：選舉已結束，新民意已產生，國會多數黨已出現，他已向總統請辭不接受慰留。

台灣的總統與立委選舉平和產生，在當天晚上就風平浪靜地順利完成。來自大陸及美國的友人看到這一幕，無不稱讚三次的政黨輪替。這是台灣社會的共同驕傲。

走過「亂中有序」的歲月

在李登輝、陳水扁、馬英九三位總統執政時，自己曾對國家大計與社會進步提出過建議。經過二十餘年的時光隧道，挑選了一些似乎還有參考價值的文字，送贈給新總統。

(1)「**改善**」**重於**「**改變**」：從一九五〇～一九八〇年，中國大陸有翻天覆地的改變，卻沒有驚天動地的改善。五十年來，台灣社會沒有翻天覆地的改變，卻有驚天動地的改善。在現代社會中，人民所關心的不再是承諾有多大「改變」，而在於實際上有多少「改善」。

今天台灣最需要的不是「改變」現狀，而是「改善」現狀。良性的改變就是「改善」；既是「改善」，則此一「改變」不能增加人民的不安定感，不能增加戰爭的風險，不能增加社會的對立。

多年來筆者提出的進步觀念，就是奢望它：

- 能協助政府推動較周延的公共政策與財經支出的優先次序。
- 能鼓舞企業做更具遠見的投資，也能兼顧社會責任。
- 能激勵每一個人做出色的「知識人」。
- 能加快台灣社會走向開放與現代化的速度。
- 能勸說兩岸進行對談，謀取雙贏。台北領導人的成就不是「買到了最新武器」；北京領導人的成就不是「飛彈嚇阻了台獨」，而是「雙方增加互信，推動對談」。

(2) **反對「反智」蔓延**：一個民主、多元、教育普及的台灣社會，怎麼年復一年常會被極少數的政客，在他們對省籍情結、統獨爭論、愛台賣台的愚弄下，分散了我們的團結，分化了我們的共識，更分裂了我們的人心？在「政治正確」的大氣壓下，我們看到了人性的扭曲、公正的掩飾、虛偽的膨脹、行為的錯亂。受人尊敬的一些知識份子與企業家，可以突然變得沉默，可以突然變得噤若寒蟬！這只會在極權社會中出現的「反智」現象，居然在台灣默默蔓延。

(3) **小格局vs.大格局：**面對國內外大變局及再度執政的新局，政治人物必須胸懷大願景，掌握大趨勢，才能開創台灣大格局。

細數世紀交替年代的台灣政壇人物，其中一些人物充滿了「四小」：小格局思考、被小人包圍、貪圖小便宜、自甘於小成。

就整個社會而言，大格局思考者愈多，社會就愈往上提升。大格局思考者會擁有四項特質：

• 一種全球布局放眼世界的策略。
• 一種意氣奮發四處擴散的生命力。

• 一種泱泱大國的公民氣質。
• 一種為下代子孫永續發展的深思熟慮。

(4) **「四步」走向「進步」**：台灣人民再也不會接受流血的「革命」，但渴望堅定的「改革」。要改革，千思萬慮之後，只有靠「四步」來獲得。朝野各方必須要——

• 「進一步」來理性獻策。
• 「退一步」來相互折衷。
• 「讓一步」來取得共識。
• 「跨一步」來全力推動。

(5) **無情的切割「情結」**：二十多年來台灣的低物價、低稅率、白吃午餐，所帶來的「小確幸」，掩飾住了：

• 台灣之病，是冷漠害國；

• 台灣之痛，是內鬥誤國；
• 台灣之瘤，是貪婪亡國。

台灣社會此刻最需要的，就是一場空前大規模地切割各種情結的理性革命。我覺得新總統有這股內在的改革力量。讓我們呼籲：從沉默大眾、中產階級、知識份子、年輕一代做起。領導階層不再變成虛報佳音的天使，不再做財政透支的聖誕老人，當然也就不再做揮霍過度的大債主。

我們要記住：「無中生有」的政府，一定會帶來「一無所有」的社會。

不在全球進步列車中脫班

像多數民主國家，台灣也有政治癱瘓。有什麼力量可以解開這種政策僵持與對抗？

我們不能放棄任何改善的可能：

- 以「新台灣人」與「大格局」來化解各種情結與偏執。
- 以「命運共同體」來凝聚全民力量。
- 以「維持現狀」與「贏得和平」來穩定兩岸，追求雙贏。
- 以提升「全球競爭力」與「台灣優勢」，來激勵全民投資與創新。
- 以教育改革、和平紅利、文化創意、推動環保、配合氣候變遷等，來厚植軟實力。

所有這些理性的呼喚，就要看新總統的溝通力與執行力來減輕內鬥、冷漠、貪婪，以及激發民間的生命力。

六十年來台灣社會，飽經波折，但是民主意識及民間生命力，始終堅韌。隨著自由與民主的生根與政權的輪替，台灣人民已經理所當然地誕生、成長、退休於這個進出自由、思想解脫、心智奔放、生活小康的現代社會。人民可以選擇留下來深耕台灣，或者勇敢地走向大陸開疆闢土；世界是平的，到處都是人生的舞台。

祝福新總統以她的智慧與魄力，立即推動兩岸和平、台灣開放、文明提升（參閱作者在本刊近五期之評論），台灣不能從全球進步列車中脫班。

二〇一六年二月號《遠見》雜誌

61 新總統如何克服兩岸難題?

——選「China Plus」或「China Minus」

面對「對立的台灣」

蔡英文女士將在五月二十日宣誓接任新總統，啟動民進黨全面執政的新時代。中華民國又在政權和平轉移的歷史上，增添新頁。

在今天的台灣，不論哪個政黨執政，都面臨難以克服的困難。因此，每個選民必須要真誠地希望執政黨成功，而不是失敗。當前台灣脆弱的經濟、各種潛伏的問題，以及即將出現兩岸互信的考驗，再也禁不起持續空轉。

二十多年來，台灣在國民黨與民進黨互鬥及內鬥之中，已長期陷入「家不和萬事衰」的困境。

借用狄更斯的譬喻：台灣有二個：善良的台灣對私利的台灣、智慧的台灣對愚蠢的台灣；台灣有二面：光明的台灣對內耗的台灣、前途擁有一切對前途一無所有。

因此，每一個重大政策都會僵持，每一個芝麻小事都有爭議。試列舉當前八項理念上「重」與「輕」的相持不下：

⑴重保護、輕開放。⑵重補貼、輕納稅。⑶重價格、輕價值。⑷重數量、輕品質。⑸重表面、輕實質。⑹重利潤、輕責任。⑺重指責、輕反省。⑻重私利、輕義務。

如果這種「輕」、「重」的爭議反應在兩岸、核能、環保、賦稅、社會福利等等政策的訂定上，那就更惡化了台灣「壞」的一半：內耗、平庸、自私、短視；同時更磨損了台灣「好」的一半：善良、無私、付出、分享。

五月新總統與國會將有新的機會來面對這一切。從「謙卑」開始，是正確的心態；強調「團結」，是誠懇的呼籲。二者都必須落實，才有助於減少「對立」

與「鬥爭」。

最直接有效的方法，還是透過溝通再溝通，辯論再辯論。好在大部分的媒體、名嘴、網軍等一直都站在民進黨這邊；現在更可以理直氣壯地來說服中間及未投他們票的選民。因此，新政府展現「說服力」是第一道考驗；接著就是「執行力」。通過幾個重要政策，讓人民立刻看到政策效果，新政府就可以在短時期中贏得人民信任。

領袖難為：從雷根到梅克爾

美國總統一向被形容為：擁有帝王的威望、教宗的榮耀、元首的權力、自由世界的領袖地位。但是近四十年來，美國總統不可一世的尊榮，在出兵阿富汗、伊拉克等的戰爭中已快速折損。白宮曾多次自嘲是「位高、名重、權大，但影響力小」。雷根是戰後極受美國人民喜愛的總統（任期一九八一～一九八九）。他個性溫和，但原則堅定，被譽為是「偉大的溝通者」。在卸職前的一次演講中，他感慨地指出：「國會、利益團體與新聞媒體」這個鐵三角削弱了白宮的權力，阻礙了重要的施政。他以巨額的財政赤字為例，說明他要減少政府支出，因鐵三角的反對而失敗。

再引述最新德國首相梅克爾（Angela Merkel）的例子。二〇一五年《時代雜誌》風雲人物的梅克爾，因強烈展現人道精神應當戰勝民粹恐懼，力主准許大量敘利亞難民移居德國，稱讚她「在一個自私和懷疑的世界中表現出果敢和道德領導力」。可是近月來已遭到德國各地居民抗議，她已不得不修改移民政策嚴加限制，民調已跌落到近三年新低，要求她辭職之聲此起彼落。民意如流水，政治人物點滴在心頭。

「China Plus」vs.「China Minus」

相較於過去重要的黨政領袖，蔡英文的從政背景相對地單純。她與黨內派系、權力鬥爭、金權掛鉤、地方勢力、人情包袱等等較少糾纏。她的專業、國際觀、西方知識、自我節制，是民進黨中罕見的一位理性重於黨性的領袖；從她對副總統人選的挑選即是一例。

上期《遠見》中，我希望新總統要能做到：最迫切的「兩岸和平」。選出的總統是要「改善」現狀，而非「維持」現狀。

五月二十日就職，如果蔡總統宣布：在兩岸關係上，新政府不是模糊的「維持現狀」，而是選擇「China Plus」，不是「China Minus」，這就立刻穩定了海內外最關心的兩岸關係。

一旦兩岸關係穩定，什麼都變得可能。新總統就有廣闊的新舞台，展開推動及簽訂一連串的開放政策。真如資深報人張作錦一再指出：只有愛台灣的台灣人做領袖，才有自信，也才會使台灣人民相信，他（她）可以與大陸談和平，談開放。

「Mission Impossible」？這就全在新總統一個字的選擇：「Plus」還是「Minus」？

二〇一六年三月號《遠見》雜誌

62 投資軟實力，遠比買軍火更迫切

——從旁觀「MAD」到追求「MAP」

台灣要多宣揚民主，少強調主權；民主展示軟實力，主權要靠硬實力。

台灣可用軟實力，增加兩岸交流吸引力。當互信增加時，也就增加兩岸的和平。

以柔克剛的「軟實力」

半世紀以來國際強權間出現一個名詞：「瘋狂」或「相互毀滅」（MAD—Mutually Assured Destruction）。擁有核子武器的美蘇，不論誰先出手，結果都是同歸於盡。台灣何其幸運，是個旁觀者。

另一個重要名詞是「和平紅利」（Peace dividend）。在雷根與戈巴契夫雙方武器競賽時，有識之士呼籲：如果冷戰減緩，就會產生「和平紅利」，用在武器上的龐大費用，就可用在和平用途上。台灣的經驗是：二〇〇八年馬總統執政後，立刻推動兩岸直航，馬上出現「和平紅利」，更因為兩岸關係的交流與拓展；民眾不需要在戰爭恐懼中生活及工作。

第三個名詞是「軟實力」。當哈佛教授奈伊在一九九〇年代提出硬實力與軟實力的概念時，前者是指以軍事強勢來壓制對方；後者是指以其制度、文化、政策的優越性與道德性，展現其吸引力。硬實力可能贏得戰爭；軟實力才能獲得和平，「軟實力」不是軟弱，與中華文化中「以柔克剛」相互呼應。

具體地說，「軟實力」包括了擁有較優秀的國民素質、進步的教育、公平的法治、現代化的制度、透明的政府行為、高度的執行力等。

《經濟學人》（二〇一七年三月二十五日），以罕見的三整頁圖表並列的方式，報導中國大陸近年來花幾十億經費「用軟實力贏得好感」（Soft Power

Buying Love），再以「一帶一路」的經貿擴展，推廣習近平提倡的「中國夢」。

台灣要追求「和平地圖」

美國新總統川普是一個精明善變的商人，在川習會前就放話，要出售高性能武器給台灣，此刻的蔡政府想必是憂喜參半。

以台灣有限的財力（從十億到幾十億美元），去多買一些武器，來對抗中國大陸，這微不足道的硬實力，實在無濟於事，連「自我感覺良好」大概都不易產生。如把這些幾百億，投資於軟實力（如教育），則是一個天大的紅利。

這使我想起莫斯科與舊金山二個難忘的場景。

一九八〇年四月首次去蘇俄及東歐訪問。一位莫斯科大學的教授憤怒地告訴我：「蘇聯的核彈能消滅敵人幾十次，但政府就不讓我們的人民好好地活一次！」

看到莫斯科商店裡少得可憐的商品，排隊的長龍擠到外面冰雪融化的骯髒馬路上，「麵包與槍砲」的排擠效果是多麼可怕地出現在眼前！十五年後，一九九五年十月，在舊金山「戈巴契夫論壇」上，前蘇俄總統以大會主席身分發表演講：「政治領袖的最大責任是追求和平，不是贏得戰爭。」全場掌聲雷動。

應邀赴會的前行政院長郝柏村與戈巴契夫有兩次私下聚晤。筆記中我寫著：兩位都談及「不僅要減少國與國之間的軍事衝突，更要全力促進世界和平。」並思考要在亞洲設立一個世界性的「和平大學」，培養下一代的領袖，減少下一代子孫面對戰爭的威脅。

二〇一〇年十一月奈伊教授來台。在與馬總統會晤及公開演講中都指出：台灣要多宣揚民主，少強調主權；民主展示軟實力，主權要靠硬實力。

台灣可以用各種軟實力，增加兩岸交流的吸引力。當台北與北京互信增加時，也就增加了兩岸的和平。

冷戰時代的「核武瘋狂」（MAD），已逐漸淡忘；當前台灣要自信地與中國大陸構建「和平地圖」（MAP—Mutually Assured Peace）。

我們期盼：政府重大財政支出的優先次序，要有勇氣及時調整，用來增加台灣的軟實力。

我們已看到：民間領袖嚴長壽先生告訴大家：「在世界地圖上找到自己。」我們也希望看到，人民選出的蔡英文總統，冷靜地規劃：「在兩岸地圖上找到和平。」

二〇一七年四月

63 蔡習交鋒中，台灣「務實新世代」的崛起

二〇一九兩岸危機之年

元月一日，台北氣溫十六～十七度，北京一～負十二度。

二〇一九年第一天，春寒料峭，更夾雜了政治寒流。蔡總統在元旦談話中，就兩岸關係提出四個「必須」（如必須正視中華民國台灣存在的事實，必須尊重兩千三百萬人民對自由民主的堅持⋯⋯）。次日習近平總書記發表「告台灣同胞書40週年」拋出：「探索兩制，台灣方案」、「堅持一個中國原則，維護和平統一」、「各政黨代表性人士展開政治協商」；又指出：中國人不打中國人，但不承諾放棄使用武力。習的談話是硬軟兼施。三日蔡總統回應：「我們始終未接受

『九二共識』」、「不接受『一國兩制』。」新年的三天內，兩岸情勢的嚴峻已定。前海基會副董事長馬紹章形容：「眾彈齊發的兩岸新開局」。

面對兩岸情勢的惡化，筆者要提出符合台灣大多數人民利益的二個呼籲：(1)全力拚經濟，不拚政治，用各種方法增強經濟實力是根本的根本。(2)全力穩兩岸，不台獨，不誘發台海危機，不挾美國以自重。

二〇二〇總統大選起跑的槍聲已起，選民必須提醒三組想選總統的政治人物：

- 不能持續操弄統獨、族群、職業、年齡等的對立。老調已衰，聽眾已散。去年十一月縣市長的選舉已一清二楚：人民要「過好日子」。經濟是門道，更是王道。
- 不能把自己的任期、權力、名位看得比社會的安定、和諧、進步更重要。如果抬轎人與坐轎人不清醒，最終還是被選票唾棄。
- 仍然有權有勢的官員與民代，必須立刻跳出「三小」自救：小格局的自我陶醉、小聰明的秋後算帳、小圈子的共犯結構。

「務實新世代」的崛起

民主政治中唯一可以敲醒迷惑權力的政客，就是選票，尤其年輕人的選票。去年十二月上旬《遠見》雜誌於選後所做的「民心動向大調查」中，出現了令人鼓舞的新趨向。這就是十八～二十九歲的「務實新世代」所擁有的價值觀。他們已逐漸擺脫統獨、族群、悲情的操作，不再受意識型態拘束。引述十八～二十九歲五個面向的民調數字：

(1)贊成「一中各表」：不少人認為新世代是天然獨，但其中年輕世代有六一・二%贊成「一中各表」，比整體比率（五三・四%）還高。

(2)自由心，擺脫意識型態：務實世代不太受統獨意識型態拘束。愈年輕、教育程度愈高愈想去大陸發展，這群人中，四六・三%願意去中國大陸發展，同時他們對大陸整體印象「變好」的比例達五一・四%。

(3)自由意志，趨向政黨中立：務實世代的政黨認同是可變的，年輕世代有四三・九%政黨中立，不再是政黨的死忠支持者。在認同政黨的樣本中，三七・一%屬泛藍，二四・四%屬泛綠。

(4)表現自信，不畏懼大環境挑戰：務實世代對未來經濟發展悲觀，但對自己未來的財務狀況樂觀。他們不看好二〇一九年經濟發展，四六・八%覺得會變差，但對自己二〇一九年的財務狀況，五六・三%覺得會變好，高於平均（三五・五%）。

(5)認同中華民國國旗國號，勇於「展現」：務實世代有六九・九%自認是台灣人，八三・七%認同「中華民國」是我們國家的稱呼，八四・五%認同「青天白日滿地紅」國旗代表我們的國家。

病樹前頭萬木春

台灣新世代的五個務實面，突現了他們的新視野，兩岸政治人物必須重視。

唯有透過政治協商與化敵為友，才能把二條互不相交的平行線，逐漸調整為雙贏匯聚。

想起唐代詩豪劉禹錫的詩：「沉舟側畔千帆過，病樹前頭萬木春。」台灣不是沉舟，卻是病樹：就看執政者能否掌握兩岸合作雙贏機會，讓人民生活在藍天白雲草木長青之中？

二〇一九年一月十五日發表於《人間福報》

64 誰能主導台灣的繁榮與和平？

——經濟人和社會人多承擔

放下悲情與兩岸對抗，走向開放與兩岸交流。
台灣要在台中美三角關係中做和平與緩衝的角色，不能變成美國的馬前卒。
讓我們期盼：選出的總統要擁有「經濟人」冷靜的腦、「社會人」溫暖的心，以及與生俱來的「中華情」。

繁榮與和平

台灣必須要面對時隱時現的「經濟民粹兩岸」危機，不論哪一個黨執政，都必須要拿出繁榮與和平的對策。一個「中等」所得國家，延誤了二十年無法進入「高」所得，是政府與人民共同的罪過。一個馬英九時代穩定的兩岸關係，此刻變成要增購三千多億買武器自衛，是不可思議的進行式。

在當前持續的中美貿易戰中，民進黨政府不斷加強抗中反中力道，台灣必須要應對因此而帶來的「黑天鵝」（極不可能但可能發生的事件）與「灰犀牛」（一種可能產生悲劇的警告）效應。

回到經濟面，造成台灣經濟動能衰退的四個因素，一如車之四輪：民間消費不振、投資萎縮、政府支出疲弱、出口乏力。

埋下這顆種子有二個關鍵因素。一是一九九〇年代中期李登輝的戒急用忍，阻擋了大陸經濟起飛中，台灣失去了水漲船高的黃金機會。另一個是三十年來民主這個制度，就如在歐美國家一樣，已無法有效治理一個中產階級停滯、貧富差距存在、合適工作機會難找、意識型態當道、利益團體偏執、民粹與網軍竄起的分裂社會。

此一現象也助長了三位民選總統執政下，行政院長的快速折損。在陳、馬的總統任內，各換了六位，前有唐飛、張俊雄、游錫堃、謝長廷、蘇貞昌、張俊雄（再任）；後有劉兆玄、吳敦義、陳冲、江宜樺、毛治國、張善政。蔡總統任內三年也已換了三位行政院長：林全、賴清德、蘇貞昌。平均一年半的任期，怎能產生偉大的政績？

郭、韓的速度與氣度

因此台灣三十年民主政治實施的景象是：民粹不斷在燃燒，年輕一代的生活在力爭上游中陷入困境。二〇一八年九合一選舉中，出現了民意的大翻轉。對民進黨政府輸掉十五個縣市的最大教訓是：不能不重視民生，不能再依靠民粹。一條政策不同的路線是：放下悲情與兩岸對抗，走向開放與兩岸交流。台灣要在台中美三角關係中做和平與緩衝的角色，不能變成美國的馬前卒。

當今台灣人民對政黨不再固守任何一方，每當有強烈意識型態的政治人物退出政壇，我都抱持肯定的態度，他們做出正確的決定，這不但有助他們解放自己，也促進了新思維人才的冒出。

這也提醒我們，還在高位上的政治人，若要維持自己的政治生命，趕快從「政治人」變成「經濟人」與「社會人」。

「經濟人」追求的是經濟效率與民間財富。

「社會人」追求的是社會進步、多元與公平。

一九五〇年代，台灣努力擺脫貧窮與落後，強調了「經濟人」的重要。台塑的王永慶就是一個典型的代表。透過民間企業興起，就業增加，工資提升，財富累積。

進入一九八〇年代，社會趨向小康，「社會人」的主張得到重視，全民才能逐漸分享到經濟紅利。

二〇二〇總統大選已經啟動。爭取國民黨總統候選人提名的郭台銘，是跨國大企業家，大聲地宣稱：「我是經濟人，不是政治人。」高雄市長韓國瑜則是要農工商一起「發大財」的社會人。

一張川普照，產生百般聯想；一瓶礦泉水，捲起千層浪。

政治人物常缺：速度與氣度，但在郭、韓二位身上，看到了追求效率的速度與勇敢承擔的氣度。

讓我們期盼：選出的總統要擁有「經濟人」冷靜的腦、「社會人」溫暖的心，以及與生俱來的「中華情」。

有冷靜的腦，就不會做反理性的決策——如增加戰爭風險；有溫暖的心，就能建立一個祥和社會，尤其改善中低階層的生活；有中華情，就會自信地展開兩岸政策上的開放、交流、雙贏。

二〇一九年五月十四日發表於《聯合報》

65

台灣政治陷入「民醉」時代

——總統當選人應採取「零錯誤」策略

台灣每人所得為四小龍之尾

根據剛出版的《經濟學人》《二〇二〇世界情勢年報》，四小龍明年的每人所得及經濟成長率排序為：

(1)新加坡	六八三五〇美元	一・二%
(2)香港	五一九二〇美元	二・三%
(3)南韓	三三三七〇美元	二・二%
(4)台灣	二五八〇〇美元	一・七%

台灣每人所得排名最低，不及新加坡及香港的一半。

經濟成長率排名第三。這真是一個三十年前曾居龍首慘不忍睹的現實。

不能再麻醉選民

台灣經濟的困境，就是台灣民主困境的延伸與廣大。台灣從一九八〇年代的「民主」，很快陷入一九九〇年代的「民粹」，現在更進入「民醉」時代。「民主」不完美，但不能放棄，需要不斷修正補強。「民粹」短期或載舟，長期必覆舟；「民醉」是指政治人物在選舉時用誇大的承諾與恐嚇的語言，「麻醉選民」，獲取選票。

看看民主典範的美國，在川普三年執政下已面目全非。他的言行動搖了立國的信念，分裂了社會的和諧，破壞了國際的承諾。中華民國剛好今年（二〇一九）是遷台七十年。此刻正受困於三種糾纏不清的現象：不能「興國」的「民主」；不能「強國」的「民粹」；不能「治國」的「民醉」。

大家熟悉「民主」和「民粹」；為了比較，自創「民醉」這個新詞。粗糙地說：民主是人民「作主」，民粹是意識型態「作祟」，民醉是「選舉支票」的美麗承諾，與政治操弄恐嚇下的麻醉。愈高職位的政客，為了求勝，透過各種手段，違反了法律規範、行政中立，以及公平、透明、不抹黑等的競爭原則。

如果「民主」有可能「亡國」（借張作錦先生語），那麼「民粹」不能「強國」，就毋須多做解釋。

「民醉」是指當權者在投票選舉中，用各種方式來討好選民、恐嚇選民。花招名目繁多，如承諾不必要的、有後遺症的公共建設；如發送補貼、減稅、降息、免捐等；如以國家安全、亡國感、主權消失，製造年輕人及「匪諜就是你」的恐怖。在恐怖、利誘、被嚇倒、被買通的情緒勒索下，就會出現「選民皆醉」下當選。

採用「零錯誤」策略

湊巧的是，新加坡總理李顯龍近日在人民行動黨大會中說：「台灣『愛拚才會贏』的精神在減弱，大多數台灣人不再相信只要努力就會成功。」

三十年前常聽到：「新加坡能，為什麼台灣不能？」此刻是：「新加坡能，我們就是不能。」台灣當前最需要的就是「零錯誤決策」，要從明年一月總統當選人做起。

這個新策略是由我們清華大學學士、麻省理工機械及核能博士的邱強團隊發展出來。他在二十五歲時即以八個月的時間，以最高成績獲得麻省理工博士學位，傳誦一時。

三十多年來，他在美國西岸帶領以MIT專家為主的團隊，成立了「零錯誤公司」（Error-Free），研發出零錯誤思維，以及預防錯誤的十四種方法。它由一百多位專家發展出全球唯一最大的人為錯誤及設備失效的資料庫及知識庫軟體；並結合AI技術，迅速解決人為錯誤及設備失效。這麼多年來已經協助過八〇%

美國五百強企業，三哩島核電意外、挑戰者太空梭爆炸、法航四四七班機空難、美國海軍軍艦製造商等世界頂尖企業。同時，還為兩萬多名的客戶員工提供培訓，藉此減少公司犯錯的機率。

在邱博士剛出版的《零錯誤：全球頂尖企業都採用的科技策略》（*Error-Free*）一書中，他指出了超過八萬筆大數據的分析結論。在台北出生的他，先出中文版，然後明年再出版英文版，提前把這禮物送給華人世界。

一九八〇年代我就不斷強調：「決策錯誤比貪汙更可怕。」明年一月選出來的國家領導人就可以運用「零錯誤」的決策及方法，漸漸接近決策正確，開拓新的國運。

二〇一九年十二月十一日發表於《聯合報》

66 世界「又熱、又平、又擠」，此刻又「失控」

——對佛里曼再版做些延伸

「世界是平的」

十五年前佛里曼出版了《世界是平的》（*The World is Flat*）。那是一本引領趨勢、檢視世局、挑戰傳統思維的大破大立之書。從此以後，「世界是平的」變成了大家熱烈討論的議題。

當時的「傳統智慧」：地球是「圓的」，國與國之間及一國之內的貧富是愈來愈「不平」的。佛里曼從全球化的擴散力及新科技運用的影響力，指出國際間有形的與無形的障礙，會被數位化、供應鏈、人才與資金的流動率逐漸剷平，這即是全球化（Globalization）會增進人類福祉的遠景。

佛里曼對他理念的推廣鍥而不捨，三年後再接再厲地出版了《世界又熱又平又擠》（*Hot, Flat and Crowded*）。它探討全球暖化、能源耗竭、人口爆炸威脅下的新經濟革命。二〇〇八年十月出版時，台達電鄭崇華董事長與我各寫了一篇近四千字的導讀。鄭董事長語重心長地在結語中寫著：「本書絕對是一本廣泛適合於執政者、企業家，乃至一般民眾的環保節能工具書，而我也已經決定將本書做為台達電所有同仁人手一本環保節能策略教材。」

十二年來世局變化太大，佛里曼認為本書需要增訂。他寫了一篇四千字的長序，細述認清氣候與能源議題的八個關鍵原則。鄭董事長也就義不容辭地寫下另一篇四千餘字的導讀。

佛里曼的這二本著作，使這位《紐約時報》專欄作家及普立茲新聞獎得主，變成了當代對全球化及氣候變遷相關議題最有影響力的評論家。

稍後天下文化又出版了他另二本新著：

- 《我們曾經輝煌》（*That Used To Be Us*，天下文化，二〇一二）
- 《謝謝你遲到了》（*Thank You for Being Late*，天下文化，二〇一七）

天下文化幸運地參與邀請到了佛里曼三次來台參訪及演講。他與馬總統在總統府共同分享全球化中我國在做的努力。他是第一位外賓在總統府演講，並且稱讚「台灣沒有『油礦』，卻有高生產力的『腦礦』」。在訪問台達電總部時，親自看到了台達電的多種國際得獎產品（電源產品效率超過九〇％）的展示；在與台北市長郝龍斌主持的青年座談會中，我們年輕學生以流利的英語指出節省能源要從年輕一代開始，也同時指出西方世界還沒有以身作則。

改版時刻爆發大疫情

很意外的是，三月上旬他正在為《世界又熱又平又擠》一書寫台灣改版序言時，新冠病毒已在歐美——尤其美國紐約——狂飆。

他在《紐約時報》發表了二篇專欄：三月十七日〈新歷史分野：新冠病毒前與病毒後的世界〉，三月二十五日〈新冠病毒大流行之後的世界〉。二篇都抓對時機，值得細讀。

佛里曼指出：「扁平」的世界已促使各國相互聯接（interconnected），後來進化成相互倚賴（interdepended），現在轉化成相互熔合（fused）。

當各種經濟活動與人群接觸，在連接、倚賴及熔合的大環境中，一旦產生重大負面影響，也就立刻產生了重大的「失控」。

如大病毒流行，從一地區可以快速地蔓延到另一地區。它看不見，抓不到，擋不住，變成了人類最可怕的敵人。「平」的世界，立刻變成了「失控」的世界。

此刻（四月初）的紐約州的居民正面臨難以置信的災難。二〇〇一年紐約九一一恐怖事件造成了近四千人的死亡及失蹤。此刻（四月二日）紐約市新冠病毒的確診人數約五萬二千，死亡人數約一千四百。

因此美國媒體出現了這樣的標題：「新冠病毒帶給美國的傷害（損失）可能超過二次大戰的總損失。」

無論疫情如何結束，當前的這個世界正在經歷一個失控、失能、失衡的新情勢。

四月二日的《紐約時報》出現了一則使人興奮的大幅報導。新冠病毒帶來了各國的封城，但各國的科學家，建立了前所未有的全球合作，打破國界共同研發疫苗，幾乎所有其他的研究都暫停了，二百多項臨床試驗已啟動，將重要的醫院和實驗室聚集一起。為了人類的生命安全，不分日夜在實驗室工作。

面對病毒侵襲，沒有人可以幸災樂禍置身事外。唯有大家真誠合作，相互協助，對抗病毒，共同開發疫苗，才能減少人類的災難。

蓋茲對大瘟疫的多次警告

「戰爭」是二十世紀的夢魘，「能源危機」則是二十一世紀面臨的挑戰。而此刻——二〇二〇年上半年，人類卻正面臨新冠肺炎病毒的擴散，造成了戰後人民最深的恐懼。

人類歷史上並不缺少大瘟疫災難。即在二十一世紀，二〇〇三的SARS，二〇一四伊波拉病毒，二〇一五中東呼吸症候群冠狀病毒MERS。五年來，世界首富比爾・蓋茲善盡了人道責任，多次公開警告：

- 二〇一五年：「如果在未來數十年有任何東西能殺死一千多萬人，極可能是具高度傳染性的病毒，而非一場戰爭。」他斷言：「今天全球最大的災難風險不是核彈，而是流感病毒。」
- 二〇一七年，蓋茲在德國再度疾呼：「流行病毒、核武及全球暖化，未來將共列毀滅世界的三大威脅。」
- 二〇一八年，蓋茲再度於醫學研討會中警告：「儘管在打擊兒童死亡率和小兒麻痺症、愛滋病與瘧疾上取得進展，並沒有大進步就是『大流行病』的防範。」
- 今年三月，蓋茲基金會已捐一億美元治療新冠肺炎，並且呼籲美國要關閉六至十週，才能有效阻止疫情蔓延。

四月初蓋茲在美國電視訪問中稱讚我們：「有很多國家做了良好的防疫示範，其中一個優秀的國家就是台灣。」

當富豪們仍然不斷累積財富時，他不斷努力拯救貧窮地區的生命。

「失控」的根源是決策錯誤

全球面對新冠肺炎擴散，表現最令人失望的莫過於追求「美國第一」的川普。初期聽到時，漫不經心地傲慢；情況嚴峻時則窮於應付。當美國的新冠肺炎確診數已是全球第一時，散布在全球軍事基地的核彈、航空母艦、戰機，在空中、海上、陸地，可以摧毀敵人何止幾百次，卻沒有足夠的醫療、醫院、醫生、醫藥設備及預警體系，對付這一個新的病毒。成萬的美國病人正在痛苦地掙扎，能呼吸最後一口氣。這就是「決策錯誤比貪汙更可怕」的實例。

以美國擁有的世界一流的人才、科技、資訊、醫學水準……，面對此病疫，白宮及一些州政府當然不應當會陷入這樣失控的局面。根本的原因就是執政者對於資源分配不當的後果。經濟學上的「排擠效果」（Crowding Out Effect）、「權衡取捨」（Trade-off）與「機會成本」（Opportunity Cost），完全可以應用在這裡檢驗領導者的決策智慧。

美國在二〇二〇年的國防支出高達七千五百億美元。一直高居世界第一。這個支出總數超過了排名在後的十個國家的總和。軍事觀察家指出，沒有一個國家（中國、俄羅斯、沙烏地、日本……），軍事上十年之內可以趕上這個「軍事霸主」。可是當美國一艘五千員官兵的航空母艦羅斯福號在太平洋上，因幾十個人員染上新冠肺炎確診，就不得不靠港，而被免職的艦長克羅齊爾（Brett Crozier）自己也確診，這正暴露戰備上的大缺口。

政府財政支出的「失控」，是反映在決策優先次序的錯置。如何在各種施政中，如全民醫療、科研經費、社會福利、教育支出、基本建設、人道援助、弱勢團體、公務人員薪資等等做較平衡的選擇。當軍事支出占了過高比例時，其他施政項目必然受到排擠。這就是出現了嚴重失衡的警訊。歷史上的教訓可以歸納成：當一國領導者走向——

‧好戰者遲早必敗
‧好勝者遲早必輸
‧好鬥者遲早必衰

讓我們善意地提醒擁有「三好」傾向的川普。

減少「失控」，追求「零錯誤」

一個「圓滿」的決策，常需要天時地利人和的三個條件。

一個「失控」的政策，則大多來自資源的分配錯誤及人才與管理運用不當（misallocation & mismanagement）。

破解「失控」的一套實際的做法及系統，可以學習邱強博士提出的「零錯誤」（Error-Free）。在《零錯誤》這本新著中，他分享今天全球頂尖企業採用他研發出的科技策略。這位新竹清華大學畢業，二十五歲即獲得美國MIT博士。

三十餘年來他以麻省理工學院專家為主的團隊，發展出預防錯誤的十四種方法，有效地幫助處理美國太空梭、空難、核電廠的重大事故以及眾多跨國大企業。他一再強調：「失控」是錯誤的累積，「成功」是零錯誤的實現。

當世界又熱、又平、又擠、又失控時，我們還是要冷靜地傾聽這位從不放棄理想的人道主義的專欄作家五則平實的建言：

- 在數位時代，說服社會大眾，遠比指揮幾個部長重要。
- 小國沒有犯錯的奢侈，要謹慎地評估每一個重大決策。台灣的地理無法改變，與左鄰右舍相處要好是應當的事。
- 「觀點辯論」（make a point）很熱鬧，但取得共識，才能「產生實效」（make a difference）。
- 要永遠擁有「學習的熱情」及「改變自己的決心」。「過去」的輝煌經歷已不值錢，「未來」的潛力，才是人一生中最重要的「比較利益」。
- 人類的最終幸福，還是來自於重視教育、家庭、社區三方面的自我成長及和諧相處，東西理念在追求幸福的軌道上是可以彼此相接的。

讓我們等待他的下一本著作，會討論如何應對「失控」的世界。

二〇二二年九月十三日發表於《世界又熱、又平、又擠》增訂版

67 習近平要看的一本書

——黃年提出化解兩岸困局的「互統一」

兩岸能化「危」為「機」？

黃年先生這本剛出版的新著《希望習近平看到此書——化解兩岸困局》，是他近二十年來評述兩岸關係最完整的探索及總結：

天下文化在十年內出版了他三本相關著作：

- 二〇一三年：《大屋頂下的中國》
- 二〇一五年：《蔡英文繞不繞得過中華民國》

• 二〇一九年：《韓國瑜 vs.蔡英文：總統大選與兩岸變局》

兩岸關係是攸關兩岸十四多億人口的福祉及命運。這樣密集的出書，正反映兩岸關係發展中不斷出現的瓶頸與弔詭，此刻仍陷於僵局。

美國前任與現任的二位總統川普與拜登（Joe Biden），為了他們的國家利益與自己的選票，居然把台灣問題從過去的「國際邊緣化」抬舉到當前的「台海危機化」——台灣變成了美中博弈的一堆乾柴、一枚地雷、一個馬前卒。台灣人民該興奮，還是該悲哀？這就是為什麼黃年這位兩岸問題專家，必須再出版這本新著。

「一家之言」的影響力

一九七八年十一月《聯合報》刊出〈一個災禍的中國，必無苟免的台灣〉文章後，啟動了四十餘年來黃年的名字與兩岸論述的連結。從一九四九年以來，兩岸的領導人歷經三個世代更替，黃年評述兩岸情勢的嬗變與和平追求的解方，一直受到海峽兩岸官方與民間的重視。在現今名嘴與網軍出沒的年代，黃年的文章始終能見人所未見，鏗鏘有力。他不必上電視與網路節目嘶聲吶喊，常以一針見血的評論，可能刺痛各方，也可能啟迪各方，出現了「一家之言」的影響力。在混沌矛盾、剪不斷理還亂的兩岸論述中，他共獲得了十二項新聞評論獎的空前紀錄，包括曾虛白、吳舜文、星雲及金鼎獎等。

在這本新著中，黃年站在「人性的本質與文明的方向」的高度，希望為兩岸困局尋找解方。

黃年認為，台灣不應「去中國化」、「去中華民國化」，中共也不要返回「馬列主義基本原理」。他主張，兩岸現今在「大屋頂中國」下，維持「現在進行式的一個中國」；未來若要進一步統一，可以是「共同締造論」的「互統一」。

倡議「兩岸和平學」

他的「互統一」，以「中華民國」為兩岸最大公約數，這其實正是鄧小平所說的「統一不是誰吃掉誰」的真義所在。在本文中我要向黃年先生提出，由他來倡議建立一門新的單獨學科，可以稱之為「兩岸和平學」（或「兩岸競合學」），並呼籲各大學及相關系所，可針對此重大題目設立新課程。想起一九五九年從落後的台灣去美讀研究所時，剛好趕上新設立的「經濟發展學」，從此變成了我一生的專業。

兩岸分隔逾七十年，此書討論兩岸發展歷史演變及競合的關鍵。黃年對習近平說的「心靈契合」相當推崇並認真看待。黃年對藍綠紅三方的主要建議是：「定錨中華民國」。這使人覺得兩岸尋求和平並未絕望。我們做為出版者，希望讓海內外的中文讀者，都有機會看到這本重要的書。

黃年如把四十餘年發表過的數百萬字論述，整理改編成一本人人可讀的《兩岸競合學》普及版，將是莫大的貢獻。黃年的體系其實已有學術化的潛能，可將歷年來所原創的各種名詞概念及理論架構，從最早「筷子理論」（一九九〇）「上位概念的一個中國」（一九九三）、「統一公投」（一九九八）、「杯子理論」、「連結論」、「渡河論」、「目的論」、「過程論」、「新新三句」、「王統一／霸統一」，到集大成的「大屋頂中國理論」（二〇一〇），加以系統化的整理，即可呈現其學術性及實用性。

因此，我特請作者為本書製作〈精心梳理／大屋頂中國思維架構〉的論述程序表，條理井然，即可窺其堂奧。

兩岸和平重中之重

對岸的領導人說中國「站起來了，富起來了，強起來了！」殘酷的現實卻是：百年來中國窮困時受列強欺侮，此刻中國不再窮困時，又受到美國為首所結盟的反中抗中。

中國曾有逾百年的艱難，歷經兩岸各自的努力，應當贏得共同的榮耀未來。

這或許就是黃年說的：「為世界文明建立典範，為中華民族創造救贖。」

常聽過「打仗太重要，不能只由將軍決定」，當前兩岸情勢在美國強勢主導下，台海情勢十分緊張，不能夠只留給幾個只顧自己「國家利益」或選票考量的政治人物決定。

黃年的「兩岸和平學」，激發兩岸有心人更深入及廣泛的探索，應可使兩岸未來更趨近「人性的本質，文明的方向」，其最終目的務必要獲得兩岸和平。

（部分內容曾刊出於本書「出版者的話」及《亞洲週刊》〔二〇二一年十一月十五日〕）

二〇二一年十二月號《遠見》雜誌

68 二〇二一──我的「家」在哪裡？

十二天內經過了三個家門

台灣在二〇二一年曾被《經濟學人》形容為「世界上最危險的地方」，台灣能在新的一年轉危為安嗎？

讓我從十六年前的故事說起。

記得魯迅寫過：「我到過的地方，都是我的家鄉。」他辛辣的筆尖，卻寫下了最人道的解釋。按照這個說法，我至少有三個家鄉：上海、台北、美國的河城。

五月初（二〇〇五年）去了上海，回到台北，又立刻去了河城。十二天之內，經過了三個家門，到底是哪個「家」我最鍾情？

在上海趕上了國民黨主席連戰中午對台商的演講。那是一個歷史性的聚會。熱情洋溢的大廳中，連戰條理清晰地提出了「共同市場」的理念，來追求兩岸的雙贏。這個想法與《遠見》雜誌提出過的CHATS——中國（China）、香港（Hong Kong）、澳門（Macau）、台灣（Taiwan）——或稱「巨龍＋3」真可以相互呼應。

一九四六年，在西安出生十歲的連先生離開了上海回到台南故鄉，再回去時竟相隔近六十年。已擁有世界大都市氣勢的上海，一定使連先生「百聞不如一見」。

我與連先生同歲。一九四九年離開上海時，我是一個初二學生，再回去時是一九八八年。三十九年未見過的上海，破落擁擠，雜亂隨處可現。有著「相見不如不見」的傷感。一九九二年鄧小平南進（包括上海）後，加快了改革與開放的幅度與速度，上海居然不到二十年時間，就出現了驚天動地的進步，變成了一個現代化的國際大都市。

回到台北，正是連先生結束「和平之旅」的第二天。政壇又陷入了夜以繼日的口水戰。這種內耗已經消耗了近十年的台灣的生命力。

一週後飛離台北，十六小時後，回到了威州河城的家，這裡寧靜、平靜、乾淨。台北來的朋友說：「這裡朋友太少了！」上海來的朋友說：「這裡生活太寂寞了！」我只能直說：「這裡讀書太好了！」

上海的「旺」與台灣的「鬥」

上海拚命建設的「旺」與台北政治對抗的「鬥」，形成了鮮明而又令人焦慮的對照。

在第一屆雙城論壇（二〇一〇）中，我受邀講話，面對在座的郝市長及韓正市長，我開場白說：台北與上海只有九十分鐘航程，比搭乘高鐵去高雄還快。二十世紀以來上海與台北在發展中先後共有五個特色：

(1)精英的匯聚；(2)工商業的興起；(3)外國思潮的引進；(4)文化上求新求變的

激盪；(5)民間財富的成長及擴散。

就台灣本身的發展，我曾以「兩個台灣」形容「政府台灣」與「民間台灣」的競爭力。前者是江河日下，後者是孤軍奮鬥。當連戰訪問大陸回來後，台北理應出現對兩岸和平與雙贏轉機的熱烈討論或爭辯。到底大多數的人民是要團結的台灣？還是分裂的台灣？是交流的兩岸？還是對立的兩岸？

台北有太多的政治，鋪天蓋地，人在自由中可以迷失；上海有太強的「向錢看」，夜以繼日，人在興奮中緊張；河城有足夠的時間與資訊，四面八方，可以在從容中思考。

何處是家鄉？

四十多年來一直住在美國中西部（Midwest），這裡的人民純樸、勤奮、友善。自己在這裡由學生變成老師；也在這裡成家，二個孩子在這裡出生。以威斯康辛大學亞太地區研究中心為基地，半世紀來，在探討進步與落後國家的經濟發展過程中，得以走訪世界，包括了蘇聯及東歐、北歐及西歐、亞洲的四小龍、日本及東南亞。此刻的痛心是我六十年來看到「美國官方」所標榜的理想與價值完全變質了。從白宮到政府部門，怎會變得如此也獨斷、好戰，以及「一切要聽我的」傲慢？富裕強盛超過百年的美國，怎麼可能永遠要獨霸全球？

地域上有三個地方可以棲身：美國、台灣、大陸。「家鄉」則是一個安身立命的「初心」發源之地：那裡有共同的記憶、共同的語言、共同的認同、共同的願景。戰亂中，太多的人只有浪跡四海的住處，哪有安身立命的歸屬？

安身立命的「家」宛如「家鄉」，有家人團聚的溫暖，有左親右鄰的和睦，更擁有社會各階層的和諧，與國家的安全與和平。

我衷心祈禱台灣的「家」，有一天會變成「家鄉」。

中華情懷

「家鄉」不一定能尋回，但中華情懷不能沒有。那就是不論身在何處，做為中華民族的一份子，要擁有世代傳承下來的這份綿綿情懷——

(1)對百年屈辱與衰弱有悲情。

(2)對中華歷史與文化有熱情。

(3)對中華傳統與倫理有深情。

(4)對神州河山與大地有鄉情。

(5)對台灣本土與原鄉有真情。

二〇二二年一月號《遠見》雜誌

69 強權衝突中台灣的「平衡策略」

——親美防美・近中和中

二十一世紀的「驚」與「喜」

我一生的重大改變，是從二十三歲由台灣到美國去讀書，看到了一個自由與富裕的國家開始。可惜，在以後的四十多年中，幸或不幸地親身看到了美國經過二次大戰後的越戰與阿富汗戰爭；又陸續看到國內外政治經濟與社會的風暴：一九五八的蘇俄領先發射人造衛星、一九六二的古巴危機，接著有尼克森的水門案、石油危機、亞洲金融風暴、二〇〇一的九一一紐約遭受恐怖攻擊、二〇〇八經濟海嘯。美國從世界權力的巔峰逐次衰落，逐年下降，好勝與稱霸的美國怎能容忍？尤其位居第二的中國在急起直追。

二十一世紀的「驚喜」是美國政府的「驚」，與中國人民的「喜」。貧窮落後的中國，經過四十年，從赤手空拳，到決心開放改革，結合民間企業、人才、科技、市場，居然奇蹟式先後超越了德國、日本，變成了世界第二大經濟體，形成了近年「世界二強」的地位。以目前GNP總值粗估，可能十年內中國經濟將會超越美國。

「安定八年」到「台海危機」

拜登入主白宮已近二年，綜合國內外各種評論，可以概括美中之間當前情勢：

⑴鬥而不破，爭而不裂。

⑵魔鬼出現在公報上，機會隱藏在細節中。

⑶公開的敵意會持續，但有所節制；脆弱的善意，時隱時現。短期內既不會

太惡化，也難以改善。

(4)八月上旬美國眾議院議長裴洛西（Nancy Pelosi）的台北訪問，台灣變成最大輸家。中共得到藉口，跨越了中線及四面封鎖台灣的軍事演習。她兒子隨行，更增添爭議。

想起一九九五年，陪同卸任的行政院郝院長，赴舊金山出席「戈巴契夫論壇」，前蘇俄總統擔任大會主席演講：「政治領袖的最大責任是追求和平，不是贏得戰爭。」全場掌聲雷動。郝院長告訴我：「政治家要和平，政客要戰爭。」

自一九四九年政府遷台後，兩岸關係一直僵持無解。但是從二〇〇八年馬總統執政後，交流曙光乍現。他積極地推動兩岸直航，去大陸不需在香港轉機，立刻出現了各種形式的「和平紅利」：省時、省事、省力。最大的紅利之一，就是台灣人民不需要在戰爭恐懼中投資、工作及生活，台灣社會變成了「小確幸」。那是馬英九的「安定八年」（二〇〇六～二〇一四）。

任內二〇一〇年十一月，提出軟實力的哈佛奈伊教授來台，會晤馬總統。演講中指出：台灣要多宣揚經濟，少強調主權；經濟展示軟實力，主權要靠硬實力。台灣可以用各種軟實力，增加國際地位及兩岸交流。

十二年後的今天，奈伊撰文評論「美國的中國挑戰」，認為如果美國內部處理好極端化及民粹化，不再醜化中國，增加跨國議題與雙方合作，就有可能減少台海危機「中美一戰」。

培里、季辛吉評論中美戰爭可能

美國前國防部長培里（William J. Perry）二〇一七年訪台。當時接受《遠見》雜誌專訪時指出：台灣要認清：「美國與中國關係良好，台灣本身才會穩定。」對台友善的美國政經領袖多次說過類似的話，但是台灣政壇上還是有人天真地希望：如果中美關係緊張，台灣就能漁翁得利；並且乘機多買武器，各方政客多收佣金。

這位年逾九十、數學家出身的史丹佛大學教授，在《核爆邊緣》書中不斷指出核武擴散的可怕，人類要盡一切努力以「軟實力」來替代「硬實力」。

小國「不弱」，要靠軟實力；人口都不超過一千萬的北歐三國，就是靠各種軟實力立足於世。諾貝爾獎的發源地在瑞典，每年頒發和平獎，不是勝利獎。芬蘭是只有五百五十萬人口的小國，與強大俄國為鄰，從來不可能靠武器（硬實力）來對抗。

另一個彈丸之地的新加坡，領導人堅持開放，面對競爭，化敵為友，全心發展經貿、金融、法治為主的軟實力，變成全球個人所得與競爭力最高之一。

小國如台灣，領導者的重要責任就是：要與周邊大國和平相處，選擇對自己國家最有利的道路。

今年七月，美國前國務卿季辛吉（Henry Kissinger）的看法值得重視：

(1)當前世界正在危險失衡邊緣。美國與俄羅斯、中國處於戰爭邊緣，要如何結束缺少概念。

(2)現代核武有導致世界末日的可能，維持「敵對大國」之間的平衡，是壓倒一切的當務之急。

(3)「平衡」有二部分組成：一是力量的平衡，有時要接受對方價值觀的合法性；另一是行為的平衡，提醒自身的能力和權力的侷限性。這需要近平藝術的技巧，才能二者結合。

被問及美國如何對付台中美三邊複雜關係時，他回答：「你不能現在就說：我們要分裂他們，讓他們自相殘殺。我們能做的就是不要加劇緊張情勢，然後提出選項，為此必須有一些目標。」他擔心中美正在走向危機，建議「華盛頓對台要保持穩健」。

這位當年一手主導「美中解冰，聯合對俄」的老臣，自有他的遠見，供台灣思考：具體地說：我們不能把所有的雞蛋都放在美國這個籃裡。為了美國自己的國家利益，盟友千萬要提防它外交政策的改變。

對台灣而言，就不禁想到一九四九年八月美國對國民政府的「中美關係白皮書」。一九七九年台美斷交後，就靠「台灣關係法」、二個公報等維持非官方關係。近年來，尤其近幾個月來，關係突然增溫升高到「堅如磐石」，我們必須要戒慎恐懼。

台灣的「平衡策略」：親美防美，近中和中

每次看到美國議員及退休高官來台訪問，就是擔心每一位以「保台」之名，行賣「武器」之實。旋風式訪問，及幾小時高層交談，重要的就是留下那一份清單上列舉的武器。所有的細節及採購都會由相關部會的主管操心。當年艾森豪提出的「Military-Industrial Complex」，早應要加上「媒體」與「國會」，改成：「Media-Military-Industrial-Congressional Complex」（MMICC）。更正確的說法：過去的「軍工複合體」，早已變質了。筆者要在此刻提出更真實的「軍火供應鏈」六個步驟：

(1)媒體與智庫啟動（供應誇大一些大國的國力預測數據與比較）。

(2)散布全球軍力失衡緊張資訊（國內外呼應）。

(3)美國政府主導下，組織或加強區域聯盟。

(4)各國政府遊說國會增加國防預算，對抗中俄。

(5)訂購各種武器，擴張軍備，軍火商大量出售武器獲取暴利。

⑹國會議員及利益團體分享暴利，或尋求連任或累積財富。

試看這次俄烏戰爭，美國沒出一兵一卒，美國軍火商得到其他友邦國家很多的緊急訂單（從戰鬥機、飛彈到潛艇）。人性的貪婪變成了無理性的追求。軍火商及政客（卸任首長、現任議員），只要看到有利可圖、有錢可賺，什麼樣的訪問、承諾、說法、大話……都會出現。

討論任何當前台灣問題最後終涉及大陸關係，以及美國的角色。因此「台中美」的三邊關係變成了關鍵。如果解開這個結，那就三邊順暢、三邊獲利；如果二邊結合對付另一邊（如當前美國拉攏台灣對付中國），三角形等邊關係失衡，就會立刻引起三邊緊張。

「二強」之間難為「中」（中等所得），「二大」之間難為「小」。台灣理性的選擇是採取謹慎的「平衡」、「中間」的政策，不討好一方，不激怒另一方。

美國前後任總統拜登與川普，同樣的在民粹聲中，強烈地對抗中國。蔡政府為了台灣自身利益，要勇敢地拒絕任由美國政府擺布，台灣不需要乞求式地要求保護，更不需要排擠效果下，不斷地買武器來「抗中」。在缺乏兩岸新論述之下，就循馬政府時代，以「九二共識，一中各表」的共同政治基礎上，雙方邊對談邊調整。

有過戰爭及被殖民慘痛經驗的兩岸領導人及民眾，千萬不要把身邊「同胞」看成「敵人」，把天邊貪婪的「商人」與「政客」看成「親人」！

前澳洲總理陸克文（Kevin Rudd）的新著《可避免的戰爭》（*The Avoidable War*）（天下文化，二〇二二年九月二十日出版），值得細讀。

二〇二二年九月《遠見》雜誌

70 兩岸推動「四個開始」，構建中華和平

——台灣要慎防白宮主人的雄心與私心

領導人決策錯誤時

二〇一八年登上《紐約時報》暢銷書排行榜的《*Ship of Fools*: How a Selfish Ruling Class is Bringing America to the Brink of Revolution.》（直譯是「一船笨蛋：自私的統領階層把美國推向革命邊緣」）。作者是美國電視主持人塔克・卡森（Tucker Carlson），直指近年來精英領導的失敗。他指出：「戰爭、饑荒和疾病都不會毀滅一個國家，但領導人可以。」（參閱好優文化《國家如何被搞砸？》中譯本，二〇二二）

只要決策錯誤，民主選舉出來的領導人，照樣會受到人民唾棄。

白宮主人的雄心與私心

白宮的主人是美國的總統，有人形容只要第一次坐上總統專機，本能的反應：就是要做滿八年總統。世界上最強大富有的國家元首立刻出現雄心與私心：

(1)雄心是「美國第一」，一定要持續維持世界領袖的高位，「我就是老大，我說了算。」

(2)私心是要做滿二任八年。「連任」勝利是最高目標。所有施政及言行的背後都是「連任」的誘惑在指揮。

國內關心美國政治的人，也許會有些不解，一度被認為世界民主法治典範的美國，至少近十年來怎麼會變得這樣地面目全非？口是心非？如果用二句簡單的話概括：其根源即來自美國資本主義下，對外展現「強國霸權」的傲慢，對內掌握「政治權力」的操作。

自一九五九年去美國讀書，在以後的半世紀中，一直都以羨慕的眼光，不斷地告訴自己與國人：「美國這麼進步，為什麼我們這麼落後？」

當自己一直教學與生活在比較純樸、友善的美國中西部，年復一年，才逐漸發覺華府那些能言善道、口若懸河的政治領袖，所說的與所做的，怎會是如此言行不符？我一直關心美國總統執政：從最年輕的甘迺迪開始，詹森、尼克森、福特、卡特、雷根、布希、柯林頓、小布希、歐巴馬（二〇〇九～二〇一六），到最近六年的川普（二〇一七～二〇二一）與拜登（二〇二一～）。如以自己的看法，很令我失望的就是興風作浪的川普以及此刻在任上政策搖擺不定的拜登。

美國只想利用台灣對付中共

戰爭是血流成河，家破人亡；和平則是交流互動，合作雙贏。由於自己的幼年經歷過中日抗戰及國共內戰，特別嚮往和平，珍惜和平。

存在於戰爭與和平之間有雙方的各種選擇：也可以有各種程度與形式的對抗

與合作。如果對抗，就會產生各種資源利用上的「呆帳」；如果合作，就會產生彼此的「紅利」。

川普四年對台軍售十一次，近五千億新台幣，創空前紀錄。歷練豐富、個性溫和的拜登進白宮之後，沒想到他「反中」的方式多、出手快、範圍廣。對台灣而言，助「台」的花樣也更多，包括政府與國會領袖來訪，短暫訪問後留下的是購買軍火的清單及台海的滔天大浪。大部分台灣人民都會想到，並且已看到這一連串可能的連鎖反應：

- 猛踩紅線：激怒中共，果然點燃台海危機。
- 台灣為了自保，一面接受美國援助，一面盡全力買武器，年輕人加快訓練成保台的戰士。
- 如果有一天大陸真以飛彈轟炸，甚至登陸攻台，死的是幾萬或幾十萬的台灣同胞，被全球責罵的是北京領導人。
- 全球強烈制裁及譴責中共，使中共變成另一個打烏克蘭的俄國，國力倒退若千年，陷它於孤立。

為什麼川普及拜登執政時，只想到激怒中共恐嚇台灣？為什麼只想到利用台灣做「馬前卒」？做「代理人」？為什麼從未想到來做兩岸的調解人、和事佬？因為唯有這樣的對抗與挑釁，才能激怒中共、拖垮中共。做為世界老二的大陸，在各種孤立與責難中，更難趕上美國、超越美國。但是老謀深算的中共，是會將計就計攻打台灣？或是恐嚇封鎖，就是不啟動戰爭？

美國接受「四個現實」

但是，在當今世界舞台上，美國要有自知之明，二十一世紀以來一直在衰退中的美國，早已沒有壓倒性的力量隨意指揮，政府與民間都需要認清「四個現實」做好調適：

(1)「美國說了算」的時代已過。

(2)「世界警察」的角色已無法勝任。
(3)全球「經濟霸主」的地位已一去不回。
(4)美式民主的各種弊病，必須徹底改革。

世界是公平的，也是現實的：超過一世紀的美國強權，也躲不過面臨衰落的結局。這是多位美國的外交與經濟專家學者［如佛里曼、史迪格里茲（Joseph E. Stiglitz）、薩克斯（Jeffrey D. Sachs）］近十年來的多數看法。

「和平」第一步：去「恐懼」，迎「交流」

兩岸領導人近年陷入接觸僵局，面對此刻美國強力介入操作的台海危機，應當立刻要做到甘迺迪總統在一九六一年四十三歲就職時提出的遠見：

讓我們永遠不要因恐懼而談判，
但是也永遠不要對談判感到恐懼。

我們深刻地盼望我們的總統，要嚴格地分析美國白宮及相關部門提出意見的利弊。美國的利益不等於台灣利益，台灣尤其不能淪為馬前卒及代理人。

面對台中美三邊不同的戰略思考及部署，兩岸領導人為了國家利益，更要彼此揚棄成見，共持樂觀理性的態度，先探求對話，在短期內消除接觸障礙，恢復交流；再進一步尋求長期融合。

如果兩岸展開接觸，首次聚會不需在國外，可以分別在廈門與金門。在金門大學校園可以看到：「戰爭無情，和平無價」八個大字；我再補加「交流無悔，合作無敵」。

當兩岸二位領導人啟動了兩岸和平交流、合作雙贏，台海就會風平浪靜，兩岸的數萬青年學生可以來往讀書；幾十萬台商可安心往來工作；去年對大陸外貿出超逾一千七百億美元的紀錄，也可望突破。

兩岸共同推動：四個「開始」

- 開始「避戰」，才能得和平。

・開始「對話」，才能得善意。
・開始「交流」，才能得互信。
・開始「兩岸一起興」，才能得雙贏。

台灣在國際上要爭取的不是「台灣獨立」，不是受美國擺布，而是「中華民國自立自主」。在地緣政治中，可以「親美」，更要「防美」；應當「近中」，更要「和中」；對自己既要「愛台」，更要「護台」。

時間不站在台灣一邊。我多麼希望兩千三百萬人，不分黨派、省籍、黨籍、年齡、性別……，大家立刻從「避戰」、「愛和平」開始。

二〇二二年十月號《遠見》雜誌

71 二〇二二～二三

——唯有和平才有這一代的安定，下一代的發展

這篇標題與文章是一個選民誠懇地送給蔡總統的新年贈言。只剩下一年半的時間，要全力全心往「和平」這個目標努力，您就有可能超越執政的負面紀錄，造福人民，留名歷史。

「清晰」是力量

引領世界思潮的歷史學者哈拉瑞（Yuval Noah Harari），在《21世紀的21堂

課》書中第一頁就寫下這句震撼的話：「在一個充滿多半資訊無用的世界上，清晰是力量。」（Clarity is power）正如十六世紀培根所說的「知識就是力量」一樣，二者重大的啟示先後輝映。

下頁檢視台灣社會十個層面的指標時，就很清晰地看清了這些殘缺的現象。再放眼歐美到第三世界，我們看到了各種形式的罷工、示威、抗議；甚至流血政變、商場爆炸、群眾屠殺、難民流竄、選舉作弊等。

當前台灣社會最缺乏的，早已不限於水電、土地、人才、資金、立法、市場、工作、創新。社會上出現的各種爭議也包括了課綱、年金、低薪、工時、司法、稅率、獨占、壟斷、房價、電費、統獨、服貿、陸資、陸生……數不清，也講不完。

清晰的「表達」，就是說清楚、講明白；清晰的「思考」，就是不模糊、不糾結，不偏執；二者都在減少彼此的模糊、猜測、誤判。

檢視台灣社會的十個指標（示意圖）

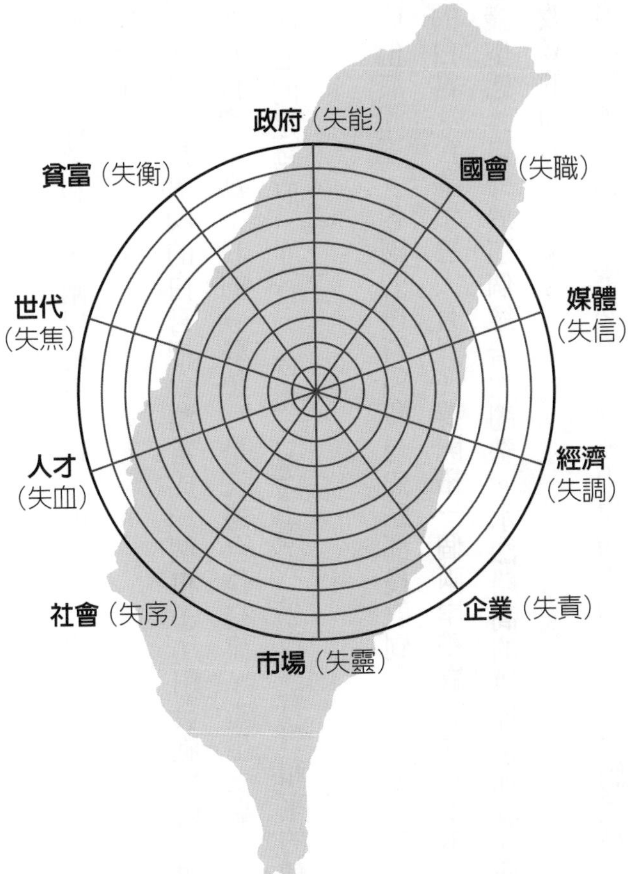

我們看到了什麼？

戰亂使人民渴望和平，兩岸絕不能兵戎相見；「開放」與「文明」才能使兩岸人民安居樂業。

我的「夢魘」是美國的白宮把台灣當成一個棋子，引發戰火時，受傷的是兩岸人民，尤其台灣本島；我的「夢想」是三邊合作交流，產生三贏。

我最關心的是華府、北京、台北三邊領導人是否真有對和平的願景與執行力。

在全球化浪潮下，各國的投資與貿易焦點都投射到大陸市場，除了川普與拜登執政下的白宮。台灣領導人有責任要開拓一個兩岸雙贏的機制；不能再堅持少數人的意識型態，自外於這個經濟大趨勢。水漲船高的道理是那麼地清晰，「清晰」就是改變的動力。

如果意識型態的信徒，突然成為創造兩岸和平的天使，他們就是嘉惠這一代與下一代的功臣。

前中科院長：中共六波攻擊

台灣動輒花幾百億買軍火，實在要精打細算。四年前花了六三五億買了三十架阿帕契直升機，不少人問：把六百多億用在科技人才培育上，是否更能增加台灣競爭力？

面對大陸軍力的快速竄升，兩邊差距已愈來愈大，台灣根本不可能要想倚靠「完全靠不住」的白宮。政客們展現「政治正確」，最廉價的方式就是買軍火。靠「對抗」與「軍火」，台灣得不到安全；「交流」與「人才」則可以。

前中科院院長龔家政遠在四年前就在「民主太平洋聯盟」論壇上指出：中共可自海上、空中與地面對台發動六波攻擊，六個小時內癱瘓台灣。在這場快速有限非核戰爭中，美國將無從插手，國軍也難有招架餘地。在這幾個小時的攻擊中，既看不到解放軍，也看不到美國大兵。因此這位戰略專家沉重地指出：不要無謂地浪費國防預算及徒勞無益的建軍規劃。（《中國時報》二〇一八年七月十五日A4版）

四年前美國學者任雪麗（Shelley Rigger）就憂慮地評論：陸美賽局中，此刻台灣已被美國政府納入抗中籌碼或被拋棄的雙重風險中。

安全不來自軍火

核戰會不會爆發，就看誰先敢按下那個按鈕。

MAD（共同毀滅：Mutually Assured Destruction）或MAP（雙方和平：Mutually Assured Peace），就只有一字之差。

兩岸關係上，要獨立不怕打仗的，要交流不要對抗的，二者的差距，不是台灣海峽，而是戰爭與和平。

國家安全的保證不來自軍火，它來自領導人的「智慧」。要國會通過拼裝式的軍火預算，就像買玩具一樣，接近兒戲。

在國家生存與發展的大計上，領導團隊唯有盡一切力量，與對手交流、合作、和平；否則，在轉變中的社會氛圍，選民最後的唯一選擇就是：「換人做」。

不能輕視白宮的反中

「如果你不相信習近平的話：「中國堅定不移地走向和平發展道路，不奉行你輸我贏的理念，不走強國必霸的老路。」

那麼白宮的言行、道德、執政，也都遭到海內外共同的懷疑，他們對台灣的談話或承諾，你能相信嗎？

在拜登執政後，中美之間的某些政策與產業，更陷入全面對撞之中（如貿易戰、科技禁令、軍演擴大、南海爭議、區域合作）。美國近月又不斷用台灣對付大陸，包括了軍艦穿越台灣海峽、出售較新型武器、較高層次的官方接觸等。

小國如台灣，領導者如不能與周邊大國或強國和平相處，政權就如建立在沙灘上，人民的福祉難以穩固。

蔡總統在第二任內仍有一連串延續性的問題：司法公正性受質疑、產業結構調整遲緩、貧富差距惡化、教育品質下降、環保爭議不斷、網軍、假新聞、駭客、ESG之推動……，外部則仍以台美中大三角關係及地緣政治的引爆點。

我祈禱：兩岸領導人盡快共同獲得諾貝爾和平獎。你們最大的榮耀不是贏得戰爭，而是贏得和平。

二〇二三年一月號《遠見》雜誌

72

星雲大師的最後懸念

——兩岸人民共同擁有「和平幸福」

台灣的困境

大師終於走了。九十七年的歲月，留下了前少古人，後少來者的重大貢獻。在二〇一三年發表了對朋友及徒眾〈真誠的告白——我最後的囑咐〉後，最令大師憂心的不全再是人間佛教的發展，而是「告白」之中最後的一句話：「問我一生何所求，平安幸福照五洲。」近年來使他憂心的是台灣社會在進步中出現的問題，以及兩岸關係發展中的阻礙與暗流。

埋下這些現象的重要原因在台灣很複雜：民主這個制度，就如同在歐美一樣，已無法有效治理一個中產階級萎縮、貧富差距擴大、工作機會減少、意識型態分歧、利益團體偏執、民粹與網軍竄起的社會。

當前台灣社會最缺乏的，已不只是缺水、缺電、缺土地、缺人才、缺資金……。出現數不清、講不完的各種爭議。

五個當前令台灣產官學界窒息的整體現象是：

(1)國內政黨之間缺少共識。

(2)兩岸政府之間缺少互信。

(3)政治人物缺少包容與謙卑。

(4)社會氛圍缺少和諧與妥協。

(5)對國家前景缺少堅強有力的領導方向。

這些缺失的綜合結果，使台灣在近十年來陷於進退失據之中。

企求國泰民安

最能救台灣的不再是政治人物；而是需要更是君子、清流、教育工作者、社會志工，沉默的理性選民。星雲大師也在八年前站出來，有系統地在二〇一五年發表《慈悲思路．兩岸出路》一書，以七十篇文章，跨黨派、跨族群、跨宗教，來為兩岸找出路。他大聲疾呼：

(1)人間有一種願景，稱為美好社會。

(2)人間有一種覺醒，稱為捨得放下。

(3)人間有一種堅持，稱為消除仇恨。

(4)人間有一種希望，稱為和平相處。

(5)人間有一種美德，稱為慈悲智慧。

大師不斷地告訴海內外的讀者：「我一生愛中國、愛台灣、愛中華文化，我和大家過去的祖先一樣，在怒海餘生中來到台灣，因此惟願國泰民安，別無他求。……假如我們兩岸慈悲，共同以中華文化救台灣，還怕未來沒有出路嗎？藍綠兩黨如果也有慈悲，還怕未來沒有好的希望嗎？」

「慈悲思路」與「回頭轉身」

在痛定思痛的年代，星雲大師用「趙無任」的筆名，以慈悲的思路，透過深刻敦厚的文筆，指出了當前社會中不公不義、不講是非、不分善惡的現象，並且又以包容之心指引一條社會和諧、人民幸福、民主品質提升、兩岸和平相處的出路。

慈悲的解釋包含了：有「同理心」，沒有「分別心」；與人為善，成人之美；無私無我，寧做老二；外得人和，內得心安；捨得結緣，身在喜捨。

在書中大師再以「回頭是岸」這句警世名言指出：一個人如果不能看清自己的前途去路，盲目地往前衝撞，其結果不是碰到牆壁而頭破血流，便是墜入懸崖而喪身失命。

因此，關鍵時刻懂得「回頭轉身」是很重要的。

台灣受人稱道的就是「自由民主」，但每次選舉，總會看到：沒政績的人，只要能說漂亮的空話，民調就可以居高不下；有政績理想的人，卻因為講真話，民調反而上不來。選民們的感性勝過理性，只憑個人好惡來判斷；而政黨領袖也只顧自己利益。其實，我們何妨「回頭轉身」，秉持客觀公正的立場，讓台灣的自由民主正常運作？

我們應該問問自己：願意放棄成見嗎？願意接納各方建設性的意見嗎？願意與人團結合作嗎？「自由民主的社會」，就是要接納大家的意見，所以我們應該轉猜疑為真誠信任、轉貪婪為付出奉獻、轉私利為全民福祉，共同創造美好的台灣。

這麼多年來當台灣的政治領袖從蔣經國、陳水扁、連戰、吳敦義到馬英九、蔡英文等，先後去佛光山拜訪星雲大師，必定看到客廳中掛著的三好：「做好事、說好話、存好心」，想必會產生一些正面的影響。

大師的光輝

大師一生的著述超過兩千萬字，並譯成二十餘種語言。他一身言行融入到中華文化，自己做到了「捨，才有得」、「以無為有」、「我有一點慈悲心，我有一顆中國心」。

面對各方贈送的三十多個榮譽博士及各地興建的大學及會所，他總是淡淡地說：「高教授，這些都不是我的，一切都是大眾的。」大師居然沒有自己的書房與書桌，也沒有自己的帳戶與存款，更沒有一所房子的鑰匙。

有幾次在佛光山過宿。次日清晨有機會去看他寫一筆字，坐在一個寬大長型的書（餐）桌上，拿起大毛筆，身旁的弟子，助他落下第一筆的位置，他即一氣呵成，寫下「自在」、「慈悲」、「用心」、「惜福」……渾厚有力，氣勢凜然。大師謙稱：「不要看我的字，請看我的心。」

另一次在二〇〇六年十二月在國父紀念館，我主持大師與馬英九市長對談時，他笑看告訴市長：「我做和尚沒有任期，你市長下個禮拜就任滿了，我們要幫你找工作！」次年馬英九投入總統選舉，二〇〇八年五月市長變成了總統。

二〇一六年起我們遠見創意製作資深總監駱俊嘉拍攝長達八十分鐘的「星雲大師自傳影片」《佛教靠我》，入圍葡萄牙國際影展的「二〇二〇最佳紀錄長片」，高希均、王力行是出品人。我們興奮地說：「為人間留下文化，為佛教傳承典範。」接受記者訪問時，我指出：這證明了西方文明與東方宗教的相互融合，入圍的肯定，亦是對當前全球疫情中人心的鼓舞。當這影片在台灣幾個道場，與馬來西亞、新加坡等道場播出時，我們在現場都目擊到觀眾的熱情感動。

這位慈悲與智慧的宗教家是：

- 人間佛教在台灣、大陸、海外的開拓者。
- 兩岸和平交流、和諧相處的示範者。
- 當前世界上宗教、文化與教育的整合者。

大師的核心力量就是永不休止地散布慈悲，展現智慧。因此大師的一言一行在海內外就激起了浪花；掀起了風潮，引發了熱情，創造了無處不在的人間紅利。

病中大師屢屢告訴信徒：「我來世還要做和尚，我做得不夠好。」

大師的影響超越了台灣；大師的光輝跨越了宗教；大師的貢獻飛越了時空。

大中華地區人民的「幸福感」

自二〇〇八年後，每年秋天「遠見高峰會」一直在台北召開，邀請世界華人企業家出席。

近十年來全球經濟充滿不確定，地區性的緊張情勢不斷出現，但大中華地區（中國大陸、台灣、香港、澳門）在世界舞台上的經濟實力已是僅次於美國；這是中華民族百年來的輝煌時刻。可以「中華興起」來描繪這段歷程。

「中華興起」的關鍵原因是，當各國面對全球化的巨大衝擊時，它們的人民與政府一直默默地在運用天時，借重地利，創造人和的條件，不斷地在做與時俱進的調整。

但是我們還需要謙卑地提醒自己：所得的增加是經濟發展的過程；幸福的提升才是真正的目的。換一個說法：「現代社會」是指「所得」不斷地在上升，「文明社會」是指「幸福」，不斷地由人民共享。「幸福感」要包括：

(1)孩子有書念、畢業有工作、中年變小康、退休有保障。

(2)社會上充滿民主、法治、正義；有創意、想創業、肯創新的人能有機會去嘗試。

(3)在市場機制主導下，人人有成功，也有失敗的可能，但貧富與地區間的差距不能大，弱勢與低所得要得到照顧。

台灣曾有過出色的經濟起飛，同時構建了華人世界第一個民主社會；近幾年來因疫情及地緣政治，大中華地區內的四個經濟體也各有困難與挑戰。以台灣而言，像溫水中的青蛙已逐漸失去力道。一個社會出現問題是「常態」，不能解決問題才是「病態」。

台灣現在應當設法在兩岸對等、尊嚴、透明的大原則下，加快與大陸交流、合作、整合，讓「台灣蛙」再現活力，勇敢而自信地跳上第二大經濟體的肩膀。

共擁「和平幸福」

回到二〇一三年十二月，在「華人領袖遠見高峰會」中，馬總統特別頒贈「二〇一三華人領袖終身成就獎」給星雲大師，這是峰會首次將終身成就獎頒發給宗教領袖。次年二〇一四年十月，星雲大師將自己所寫的一筆字墨寶——「人間紅利」回贈給馬英九，現場氣氛溫馨而感動，博得全場熱烈掌聲。

二〇一四那年大師隨連戰訪問團到北京，大陸領導人習近平接待時，告訴大師：「你送我的書，我全部讀完了。」當下大師以一幅「登高望遠」一筆字書法給習近平。回到台灣後另送贈馬總統的一筆字是：「曲直向前」。

這段故事大師和我講過二次。第一次是當年北京返台後，另一次三年前在宜興大覺寺，我專程從台北去探望他，他特別提及盼望有一天兩岸關係以「登高望遠」、「曲直向前」來改善。

最重要的一幅「和平幸福」一筆字，是大師親自在二〇一三年在佛光山清晨七時許，我親自看到他寫下的。這四個字：「和平幸福」，他寫好後，放下毛筆，告訴我：「這張要送給你。我希望大家都能過這樣的好日子。」沒想到這四個字，從此以後「和平幸福」變成我腦中最重要的指南針以及衡量政治人物成敗的指標。我要呼籲更多的有志者共同參與推動「和平幸福」。

自己曾在二〇〇九～二〇一八十年間接受大師邀請，擔任「星雲真善美新聞獎」主任委員。總計獎勵了二三一位媒體人，四十五家電子媒體、平面媒體、廣播與網路媒體，獎金總額逾六千萬台幣，我要感謝二十多位無私的評委及他們的共同判斷。

得獎者包括張作錦、柴松林、陳長文、黃年、王健壯、陳文茜、江才健、詹怡宜、徐宗懋、沈春華、李濤、游美月等一二四位。大師說得深刻：「唯有媒體可以救台灣。」我參與評審十年後的心得是：下筆「真」，內心「善」，腦袋「美」，才是優秀新聞人要追求的自律。

為了參加大師二月十三日的圓寂讚頌典禮，前一晚就入住過去一直住過的雲居樓六樓。這間房沒有一點變更，書櫃裡放滿了大師的著作。從窗口往外看夜色中的佛光山，就是那麼地莊嚴、寧靜、輝煌。可惜，主人明天就會暫時告別。

沒有戰爭、戰火、戰亂的「和平幸福」，真應當是兩岸人民所應當共同推廣，共同擁有的。我想這或許是「後星雲年代」，自己對大師的最後懸念的另一種承諾。這個承諾的念頭，即來自十二日當晚在雲居樓六樓留宿。

大師七十多年前來到台灣後，從來沒有一天的休息；此刻請您安息；我們會和你的萬千信徒不斷地努力！

二〇二三年三月一日發表於《人間福報》

73 台灣大選定錨中華民國

——黃年新著解析核心爭議

黃年又出版了新著

四十八年前熱血青年黃年，從政大新聞系畢業，在政大政治研究所讀書時，即投身媒體工作。用「資深」已不足以形容他的付出與貢獻；他是一輩子的媒體人與評論家。尤以他在《聯合報》擔任二十一年（一九九二～二〇一三年）總主筆，是台灣報紙媒體界的一枝社論鐵筆。我自己教了多年書，影響限於教室；他的社論影響了台灣社會的幾代人。

適逢其會地經歷過退出聯合國、中（台）美斷交等一九八〇年代的大事件，第一線的黃年，在時勢造英雄下，充分發揮了新聞感與判斷力。

在兩岸關係驚濤駭浪的變化中，常在重要時刻創造出貼切傳神的「名詞」，從「筷子理論」（一九九〇）、「上位概念的一個中國」（一九九三）、「統一公投」（一九九八），到二〇一〇年之後的「渡河論」、「目的論與過程論」、「杯子論」，最終而成兩岸的「大屋頂理論」，為台灣及大陸的各黨各派，提出兩岸解方。

兩岸政治人物與專家學者對此有贊成的，亦有反對的；但無不佩服黃年思慮的博大精深。這一位「星雲真善美新聞獎」第一屆評論獎得主（二〇〇九），實至名歸。

二〇一六年川普當選美國總統之後，一反過去對中國經貿與科技的雙贏與合作，轉為封殺與對抗，獨斷地重畫後冷戰時代的新地緣政治圖像，首當其衝的就是中美經貿與軍事對抗，陷兩岸關係於空前的僵局，一直延伸到今天。

我們切莫忘記「外交才子」錢復多年前就提出的「兩岸政策是外交政策的上位政策」，先有穩定的兩岸政策，才能有兩岸的和平與繁榮。近年來對台友好的幾位國際著名評論家，也分別告訴台灣讀者類似看法，引述三位的建言：

(1)哈佛傅高義教授去世前一月（二〇二〇年十月）在遠見高峰會視訊中告訴聽眾：「**兩岸難題不會給下一代解決；台灣的總統要非常小心。**」

(2)《紐約時報》專欄作家佛里曼：「**台灣不要輕信華府政客的甜言蜜語。**」、「**台灣繼續發展經濟，遠離政治，就能常保安康。**」

(3)前AIT主席卜睿哲（Richard Bush）：「**台灣沒有太多犯錯的空間。**」、「**美中若衝突，台灣絕不會受益。**」、「**一個分裂的台灣社會，將使自身的國際處境更加脆弱。**」

——參閱《20位國際大師遠見連線：透視全球變局》（二〇二三年六月，天下文化）

兩岸領導人共同挑戰

二〇二四年這次的總統大選，是台灣「和平vs.戰爭」的關鍵時刻。面對近年來美中台三邊緊張的關係，我不斷大聲呼籲：和平是唯一的選項。

此刻正是細讀黃年這本新著的最佳時機，特別是兩岸領導人。天下文化先後出版了四本他的相關著作：

(1)《大屋頂下的中國》，二〇一三年二月。

(2)《蔡英文繞不繞得過中華民國》，二〇一五年七月。

(3)《韓國瑜vs.蔡英文——總統大選與兩岸變局》，二〇一九年七月。

(4)《希望習近平看到此書：化解兩岸困局》，二〇二一年十月。

台灣近年已陷入「人在禍中不知禍」的危機漩渦；在兩岸論述僵硬、貧乏又混亂的年代；在百家缺少爭鳴的年代；黃年從不缺席，從不遲疑。這本書是當前總統大選情勢混沌中，選民投票時的一個方向盤。大家再忙也要先看兩萬字的序：〈定錨中華民國：台美中應以「中華民國」相互攤牌〉，摘引六個要點：

兩岸問題的終局解方，應當朝向：「為人類文明建立典範，為兩岸人民創造救贖。」

在現今階段，兩岸應當淡化「統一／台獨」的目的論，移向「和平發展」的過程論。

過程論的基本理論是：「定錨中華民國／共構和平競合。」

中共反對台獨，台灣主張「一中各表」。這就是定錨。

兩岸相互守住底線。你不武統，我不台獨。

天佑大屋頂中華，天佑大屋頂中國。

天下文化出書的用心

一個時代的歷史，是由一些革命家、思想家、政治人物及追隨者與反對者，以血、淚、汗所共同塑造的。

以傳播進步觀念為己任的天下文化，自一九八二年以來，先後出版了實際參與改變中國命運與台灣發展重要人士的相關著作。這些人士都是廣義的英雄，他們或有英雄的志業、或有英雄的功績、或有英雄的失落。在發表的文集、傳記、回憶錄中，這些黨國元老、軍事將領、政治人物、企業家、專家學者，以歷史的見證，細述他們的經歷軌跡與成敗得失。

就他們所撰述的，我們尊重；如果因此引起的爭論，我們同樣尊重。我們的態度是：以專業水準出版他們的著述，不以自己的價值判斷來評論對錯。

在翻騰的歷史長河中，蓋棺也已無法論定，誰也難以掌握最後的真理。我們所希望的是，每一位人物寫下他們的經歷、觀察，甚至後見之明。他們的貢獻，是為歷史留下紀錄；他們的挑戰，是為未來接受檢驗。

二〇二三年九月號《遠見》雜誌

74 二〇二四總統大選承諾之一

——兩岸「和平」是新總統最重的責任

民選總統的責任

二十一世紀二十年代，台灣人民投票選出的總統，對人民的最重責任是：和平、幸福、永續發展。

和平：在地緣政治危機四伏中，台海務必要減少戰爭的威脅。主政者要有能力以「兩岸和平」保障每一個人的「生命安全」。

幸福：在全球經濟動盪不安中，每個人沒有失業與貧窮的恐懼。「幸福」是保障每一個人的「生活安康」。

永續發展：在全球疫情、氣候變遷及能源衝擊下，全國上下共有危難共識，同心協力保障後代子孫的「生存權利」。

要同時獲得這三大項，要靠國家領導人的「無私的智慧」與「使命必達的執行力」。

千言萬語，台灣民選出來的總統，一定是一位能夠構建兩岸和平雙贏的政治領袖。「雙贏」的構建，不僅是兩岸人民獲利，也向愛賣武器的美國示範：「你們要專心管好你們家裡的事。」

國家領導人最要避免的錯誤決策，是必須避免政府預算中，產生惡性排擠。在巨額軍火購買下（如一年六千億新台幣），排擠了教育、環保、社會福利、基本建設的重要支出。中共要攻打台灣最大的藉口是「台灣獨立建國」，當李前總統、陳前總統及蔡總統都公開指出：美國不支持台獨，那麼政府就不需要花幾千億買武器。「中華民國」的「老」招牌比「新」武器還有用。這是郝柏村將軍多年前對李登輝總統的重要分析。

簡單的歸結，在國家生存發展之中：

(1)如果和平不能擁有，其他一切的擁有都會落空。

(2)如果發生核戰，幾百萬人瞬間毀滅；如果是傳統的登陸戰及巷戰，那也會是家破人亡，死傷無數。

「把戰爭視同兒戲，危險至極」

許歷農將軍在他自傳中追憶：一九五八年金門八二三砲戰爆發時，金門副司令吉星文將軍當場陣亡，時任金門東區指揮官的他，本來約定次日一起再去巡視備戰。去年六月二十六日《聯合報》發表許將軍追念吉將軍文中指出：「聽到這噩耗，宛如晴天霹靂，當時淚流滿面，久久不能自已。」這個慘痛經驗，更堅定了許歷農此後一生的信念及轉念，打仗一定要贏；但是「和平」比「戰爭」更優先、更重要。摘錄文中二段話：

「戰爭像一頭怪獸，凶猛至極，沒有任何理性，不講絲毫人道。肆意吞噬人世間任何美好。我曾親見十里洋場，片刻化為灰燼，美滿家園，瞬息之間，家破人亡，妻離子散。」「台灣最近一代人，都未經過戰爭，從未見識過戰爭的凶險可怕，有不少人，常隨聲附和人云亦云的挑釁對岸，準備戰爭，把戰爭視同兒戲，危險至極！」

一位出生入死、被郝柏村院長譽為零缺點的上將，現在已是一〇五歲，還能發表時論，真是奇蹟！

台灣「安身立命」之道

在充滿算計及自身國家利益的世界舞台上，讓我提出幾項策略性思考，盼望國民黨與民進黨兩大黨，在已經輪流執政，體嘗過權力的誘惑與掙扎後，能心平氣和地走向和解，追求台灣人民的「安身立命」。

(1)追求台灣的幸福與自立，對外是走向開放、和平、資源整合；對內是取得兩岸關係、所得分配、環保政策等問題的共識，並且謀求市場機制（效率）與政府參與（公平）的平衡。

(2)台灣的活路，是與大陸、美國、日本等增加交流；台灣的出路，是與世界接軌。開放是生路，鎖國是死巷；鎖住一個大國倚靠，也會變成沒有自主與尊嚴。

(3)兩岸關係穩定，就能減少對美國軍火購買，才能增加薪資、教育、健康、環保、公共建設等經費。

(4)走向國力衰落的捷徑是：放棄身邊地理上的大市場，堅持政治視野上的小正確；為了權力與選票，只想到保護、補貼、干預及任用小圈子裡的人。

(5)面對競爭力持續消退的美國，它的霸權心態還在擴散，宜慎之防之；大陸的實力在持續擴大，必須要設法獲得雙贏效益。

(6)重振經濟活力的關鍵需要競爭力的增加，附加值的提升，教育部門及各種產業的鬆綁，以及保護主義的減退。

(7)台灣也可以走向更民主開放全球化的社會，如果司法能夠獨立，政治干預、關說、黑道、賄賂、小圈子文化……減少；如果媒體不偏激，假新聞減少；如果仇中抗中氣氛減緩；如果走向兩岸一家親，兩岸一起興。

台灣人民最盼望的就是兩岸：能在和平交流的形勢下，發展出「和平、幸福、永續」的前景，那真是台灣一代又一代子孫的安全。

美中鬥爭，台灣如何「左右逢源」？

近年來的白宮，在專業幕僚維護「美國利益」的設計下，加緊利用台灣的親美政府、部分台獨傾向民意，做為抗中與反中的馬前卒。台灣對美國言聽計從，美國趁機向台灣大量出售軍火，一個圓滿採購的軍火供應鏈已經順利運作。因此政府一年六千億新台幣的軍火採購，已不再令人吃驚了！

這個供應鏈順序很清楚：華府對台提供防禦台灣的大內宣素材↓北京即刻強烈抗議↓中共軍艦與戰機同時出現台海↓台灣快速增加軍購↓美國立即承諾。

一樁又一樁的幾百億新台幣軍火，有時跳過正常程序，逐一採購，來呼應白宮主導的兩岸緊張；那真是「善意」換「軍火」的巧妙設計。「美國政府不支持台獨，但我們有強烈的非官方關係。」美國官方講得多聰敏。

台灣要做好台海和平的角色

美國總統全力以抗中反中維護「美國利益」，那是他的政治判斷與戰爭風險；我們不需要買那麼多的高價武器來維護「台灣利益」。蔡政府要勇敢清晰地宣布：為了台灣自身長期利益，對中美雙方採取同樣友善政策：親美與和中。台灣不是阿富汗也不是烏克蘭；但是這兩個戰場提醒台灣千萬不能陷入戰爭中。

我們自己的選擇可以是：「親美」不反中，「和中」不反美。

「親美」不「反中」：是指台灣與大陸要努力發展相互信任及交流。中國人不打自己人，中國人幫自己人。兩岸一家親，兩岸一起興。

「和中」不「反美」：是指台灣與美國要持續保持「強烈的非官方關係」。白宮顧問蘇利文說得多動聽：美對台承諾和過去一樣堅實。堅實中有明確說明：「如果中共武力犯台，美國出兵護台」嗎？

當台灣做好台海平衡的和平角色時，對大陸是：「化敵為友，全民無憂」；對美國是：「台美友誼，天長地久」。

台灣的領導階層終於能從當前的「左支右絀」變成「左右逢源」。台灣在地緣政治中突然變成了關鍵的主角。台灣真有可能變成太平洋中不沉的航空母艦。

邀世界級領袖促成兩岸「和平對話」

在去年十月中旬台北召開的第二十屆遠見高峰會中，有一場高峰視訊對談：我參與了馬英九前總統、陸克文（澳大利亞前總理，現任駐美大使）討論到台海和平的重要及兩岸領導人全球責任。摘錄幾段：

陸克文：**兩岸若要建立和平，非得依靠外交政治途徑不可，「重要性獨一無二」，不可取代，這將會決定台灣未來的地位。台海兩岸若不幸開戰，不僅禍及台灣全體人民，戰爭更將破壞亞太區域，以及全球秩序，「（兩岸）領導人有解決台海問題的全球性責任。」**

馬英九：**我要呼籲台灣這邊領導人打破現狀，和中國大陸對談，「只要能對談，就有機會。」這就是在我執政時（二〇〇八～二〇一六）主張的「和陸、友**

日、親美」外交政策的重要性。我提醒大家，台灣久未經歷戰爭，以台灣目前人口的密集程度，腹地縱深狹小的特性，一旦台海爆發戰爭，後果相當可怕。美國與中國在一九七二年所簽訂的《上海公報》中，明文鼓勵兩岸進行對話，對此，我認為台灣領導人有責任「開啟對話」。

高希均：容我提出一個或許是新的構想，就是邀請世界級領袖，來促成兩岸領導人對談，包括陸克文先生、新加坡總理李顯龍、德國前總理梅克爾、美國前國務卿季辛吉、美國學者奈伊等，都是我心目中促成兩岸會談的適任人選。

陸克文：聽到高教授的邀請，我要說「我是後輩」，還不夠格擔任此重要的角色，但我非常贊成利用這樣的途徑促成（兩岸會談），在我的印象中，這應該也是「首次有人提出這樣的看法」。我也要把球拋給馬先生，他很夠格，因為他的頭髮比我好看。（笑聲）

如果今天總統大選的候選人，真能兌現兩岸對談的承諾，那會是台灣民主選舉的紅利。

二〇二三年十月號《遠見》雜誌

附錄

(一)中文人名索引

8劃

9劃

10劃

(二)英文人名索引

F

G

H

J

K

L

M

- Miliband, David 米勒班 297
- Mathieson, Peter 馬斐森 378
- Merkel, Angela 梅克爾 406-407
- Montensen, Dale 摩坦森 348-350

N

- Naisbitt, John 奈思比 237, 266
- Nixon, Richard M. 尼克森 150, 163, 165, 204, 452, 463
- Nye Jr., Joseph S. 奈伊 11-12, 321, 323-324, 333, 351, 358, 410, 412, 454-455

O

- Obama, Barack Hussein 歐巴馬 291, 297, 321, 328, 463
- Ohmae, Kenichi 大前研一 221, 390

P

- Pelosi, Nancy 裴洛西 454
- Perry, William J. 培里 455
- Plate, Tom 普萊特 319
- Porter, Michael 波特 206, 230, 358

R

- Reagan, Ronald 雷根 164, 349, 406, 410, 463
- Rigger, Shelley 任雪麗 474
- Roosevelt, Franklin Delano 小羅斯福 134
- Rudd, Kevin 陸克文 460

S

T

V

W

Y

Note

Note

Note

社會人文 BGB571A

和平：追求台灣雙贏

高希均 —— 著

國家圖書館出版品預行編目（CIP）資料

和平：追求台灣雙贏 / 高希均著 . -- 第三版 . -- 臺北市 : 遠見天下文化出版股份有限公司 , 2024.2
面；14.8×21 公分 . --（社會人文；BGB571）
ISBN 978-626-355-559-4（精裝）

1.CST: 言論集

078 112019970

總編輯 —— 吳佩穎
社文館副總編輯 —— 郭昕詠
責任編輯 —— 郭昕詠
校對 —— 張彤華、陳佩伶、魏秋綢
封面設計 —— 張議文
排版 —— 簡單瑛設

出版者 —— 遠見天下文化出版股份有限公司
創辦人 —— 高希均、王力行
遠見・天下文化・事業群榮譽董事長 —— 高希均
遠見・天下文化・事業群董事長 —— 王力行
天下文化社長 —— 王力行
天下文化總經理 —— 鄧瑋羚
國際事務開發部兼版權中心總監 —— 潘欣
法律顧問 —— 理律法律事務所陳長文律師
著作權顧問 —— 魏啟翔律師
地址 —— 台北市 104 松江路 93 巷 1 號 2 樓
讀者服務專線 —— (02) 2662-0012 ｜傳真 —— (02) 2662-0007；(02) 2662-0009
電子郵件信箱 —— cwpc@cwgv.com.tw
直接郵撥帳號 —— 1326703-6 號 遠見天下文化出版股份有限公司

製版廠 —— 東豪印刷事業有限公司
印刷廠 —— 祥峰印刷事業有限公司
裝訂廠 —— 精益裝訂股份有限公司
登記證 —— 局版台業字第 2517 號
總經銷 —— 大和書報圖書股份有限公司 電話／ (02) 8990-2588
出版日期 —— 2024 年 2 月 20 日第一版第 1 次印行
2024 年 7 月 23 日第三版第 3 次印行

定價 —— NT 500 元
EAN —— 4713510944493
電子書 ISBN —— 9786263555433 (PDF)；9786263555426 (EPUB)
書號 —— BGB571A
天下文化官網 —— bookzone.cwgv.com.tw

天下文化

BELIEVE IN READING